我是工程师科普丛书

物流探秘
物流的过去、现在和未来

陆大明　周奇才　于宏丽　黄袁凯　韩雄飞　谢正东　编著

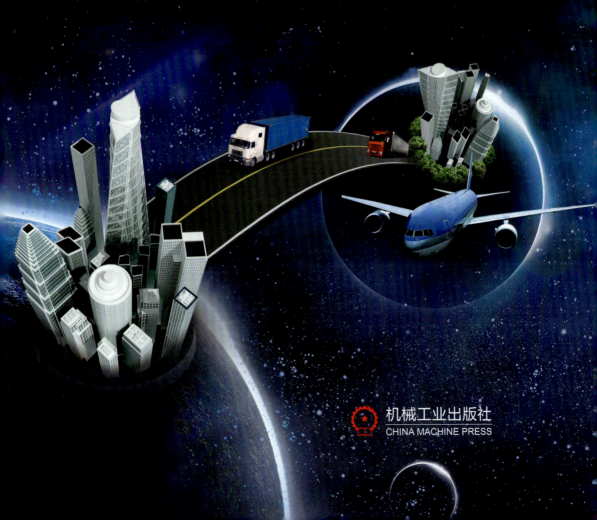

机械工业出版社
CHINA MACHINE PRESS

从古代的八百里加急到现代的海陆空联运，物流作为人类社会重要的一部分，随着时代的更迭而发展变化。本书作为"我是工程师科普丛书"之一，将带领读者突破时空的界限，纵览物流世界。首先回到过去，看看从早期的步传与行夫，发展到马传、船运，驿站、镖局及邮政的接踵出现，使得物流渐渐走进百姓的生活；再从一个包裹的视角，看看现代物流中仓储、包装、识别、分拣和运输的整个过程；最后进入对未来物流世界的畅想，上天入地下水的仓库、智能化的配送机器人以及无人化的运输工具，这些脑洞大开的构想必将颠覆我们的生活。本书希望能给读者一个物流发展的全貌，激发读者兴趣，进一步探索物流世界的奥秘。

图书在版编目（CIP）数据

物流探秘：物流的过去、现在和未来 / 陆大明等编著.
—北京：机械工业出版社，2020.1
（我是工程师科普丛书）
ISBN 978-7-111-64377-7

Ⅰ.①物… Ⅱ.①陆… Ⅲ.①物流—青少年读物
Ⅳ.① F252-49

中国版本图书馆 CIP 数据核字（2019）第 292761 号

机械工业出版社（北京市百万庄大街 22 号　邮政编码 100037）
策划编辑：郑小光
责任编辑：周晟宇
责任校对：李　伟
北京宝昌彩色印刷有限公司印刷
2020 年 6 月第 1 版第 1 次印刷
169mm×225mm·7.75 印张·110 千字
标准书号：ISBN 978-7-111-64377-7
定价：58.00 元

电话服务　　　　　　　　　　网络服务
客服电话：010-88361066　　　机　工　官　网：www.cmpbook.com
　　　　　010-88379833　　　机　工　官　博：weibo.com/cmp1952
　　　　　010-68326294　　　金　书　网：www.golden-book.com
封底无防伪标均为盗版　　　　机工教育服务网：www.cmpedu.com

丛书序
PREFACE

回顾人类的文明史，人总是希望在其所依存的客观世界之上不断建立"超世界"的存在，在其所赖以生存的"自然"中建立"超自然"的存在，即建立世界上或大自然中尚不存在的东西。今天我们生活中用到的绝大多数东西，如汽车、飞机、手机等，曾经都是不存在的，正是技术让它们存在了，是技术让它们伴随着人类的生存而生存。何能如此？恰是工程师的作用。仅就这一点，工程师之于世界的贡献和意义就不言自明了。

人类对"超世界""超自然"存在的欲求刺激了科学的发展，科学的发展也不断催生新的技术乃至新的"存在"。长久以来，中国教育对科技知识的传播不可谓不重视。然而，我们教给学生知识，却很少启发他们对"超世界"存在的欲求；我们教给学生技艺，却很少教他们好奇；我们教给学生对技术知识的沉思，却未教会他们对未来世界的幻想。我们的教育没做好或做得不够好的那些恰恰是激发创新（尤其是原始创新）的动力，也是培养青少年最需要的科技素养。

其实，也不能全怪教育，青少年的欲求、好奇、幻想等也需要公众科技素养的潜移默化，需要一个好的社会科普氛围。

提高公众科学素养要靠科普。繁荣科普创作、发展科普事业，有利于激发公众对科技探究的兴趣，提升全民科技素养，夯实进军世界科技强国的社会文化基础。希望广大科技工作者以提高全民科技素养为己任，弘扬创新精神，紧盯科技前沿，为科技研究提供天马行空的想象力，为创新创业提供无穷无尽的可能性。

中国机械工程学会充分发挥其智库人才多，专业领域涉猎广博的优势，组建了机械工程领域的权威专家顾问团，组织动员近20余所高校和科研院所，依托相关科普平台，倾力打造了一套系列化、专业化、规模化的机械工程类科普丛书——"我是工程师科普丛书"。本套丛书面向学科交叉领域科技工作者、政府管理人员、对未知领域有好奇心的公众及在校学生，普及制造业奇妙的知识，培养他们对制造业的情感，激发他们的学习兴趣和对未来未知事物的探索热情，萌发对制造业未来的憧憬与展望。

希望丛书的出版对普及制造业基础知识，提升大众的制造业科技素养，激励制造业科技创新，培养青少年制造业科技兴趣起到积极引领的作用；希望热爱科普的有识之士薪火相传、劈风斩浪，为推动我国科普事业尽一份绵薄之力。

工程师任重而道远！

李培根　中国机械工程学会理事长、中国工程院院士

前　言

FOREWORD

　　在魔法世界中，魔法师们拥有让物品"召之即来"的能力。现实世界中的物流正在用科技手段实现这种"魔法"。物流不只是一种单一的技术，也不仅能实现物品的"召之即来"，它汇聚着众多科技。

　　物流意为"物的流通"，物的流通是人们生产生活的需要，在古代人们就已经开始进行物品的运输，只不过受限于当时的科学技术和生产力水平，那时的效率远远不能与现在相比。在历史的长河中，物流在不断地发展着。

　　现代物流是一个庞大且复杂的系统，其运行的背后是无数的科学技术在支撑。网上购物的包裹是如何依靠物流不远万里来到我们身边？物流系统中运用了哪些技术？如何才能分辨数以亿计的快递包裹？这本书将带给你答案。

　　人们为了让物流越来越快、越来越便捷，一直在不停地探索。如今的物流系统在古人看来，就已然像是"魔法"一样了，但人们不会停止探索的脚步，无人化、自动化的物流正在逐步发展中，无处不在的物流仓库也将打破空间的限制。

　　从古代、现代到未来，物流随着时间的脚步一起前进，这本书将在时间的隧道中探寻古代物流、认识现代物流，并漫游在对未来物流的畅想之中。物流的发展是人们不断打破空间枷锁的一种体现，人们不愿意让距离成为障碍，正是这种不断探索和不懈追求的精神引领着人类社会进步，让我们能够体验更加便捷、更加高效的美好生活，也让我们的梦想慢慢照进现实。

编者
2019 年 10 月

目 录
CONTENTS

丛书序

前言

走进物流

 第1章 古代物流探寻

物流小历史：从"官府"到"百姓" / 04

运输方式：从"身背肩扛"到"车拉船载" / 08

古代物流有多快？ / 12

古代仓储 / 14

古代物品的包装容器 / 16

古代物流的办公场所 / 22

古代物流界的几件大事 / 27

第 2 章　现代物流初识

包裹的旅行　/ 32
"我"的住所——仓储　/ 34
穿好衣服——包装　/ 39
如何认识"我"——识别　/ 44
分道扬镳——分拣输送　/ 46
走合适的路——运输方式　/ 48
搬家——装卸搬运　/ 52
怎么找到"我"——定位　/ 60
看不见的网络——物联网　/ 69

第 3 章　未来物流漫游

上天入地下海——未来仓库　/ 78
智慧快速灵动——未来配送　/ 81
超越限制——未来运输　/ 86
人机完美协同——未来辅助装备　/ 93
值得信赖的助手——未来机器人　/ 102
智慧物流　/ 106

结束语　/ 112

参考文献　/ 114

走进物流

物流是什么呢？随着时代的变迁，物流的定义也在发生着变化。在古代，物流可能只是简单指信件的传递、军情的传达及物品的交易；到了现代，随着互联网的发展及电商的兴起，物流的内涵更加丰富，涉及商品、服务及与之相关的各种信息；未来或许物流会发生更大的变化。

现代物流的概念最早是在美国形成的，起源于20世纪30年代，原意为"实物分配"或"货物配送"。1963年被引入日本，日文意思是"物的流通"。20世纪70年代后，日本的"物流"一词逐渐取代了"物的流通"。

中国的"物流"一词是从日文资料引进的外来词，源于日文资料中对Logistics一词的翻译，即"物流"。

中国的物流术语标准将物流定义为：物流是物品从供应地向接收地的实体流动过程中，根据实际需要将运输、储存、装卸搬运、包装、流通加工、配送及信息处理等功能有机结合起来以实现用户要求的过程。

看完之后是不是对物流有了大致的了解了？那接下来看看为什么人们需要物流。

如果没有物流，可以设想一下会发生什么：在古代，如果没有物流，信件、军情等都不能传递，上到皇帝、下到平民，每个人都无法了解社会上发生的事，那社会的发展可能就是在蠕动了。而如果现在没有物流，最直接的影响就是人们在网上购买的东西无法送达，也就不会有电商的兴起，进而影响国民经济的发展。

当然，物流的影响不止上述的那么简单。物流对制造业、农业、商业等行业都有着或多或少的影响，物流的产生和发展是社会再生产的需要，是流通的主要因素，是国民经济的动脉系统。因此，物流对人们来说不可或缺。

既然物流如此重要，就让我们一起乘坐时光机器，从古代到现代再到未来，走进这个缤纷多彩的物流世界吧！

第 1 章 古代物流探寻

物流探秘

　　说到物流，可能大多数人会觉得是近现代才有的事物。其实不然，早在数百年甚至上千年前，就有了我们现代意义上的物流。不过，当时并没有物流这种说法，充其量可以称为快递，但是本质上和我们现在的物流基本相同，只是快递的物品、运输的方式、物流实现的形式相较于现在来说比较原始。让我们穿越时光隧道回到古代，一起探寻一下古代物流的发展。

物流小历史：从"官府"到"百姓"

夏商时期

　　在殷墟甲骨文中可以发现，在商朝就已经有了近似于快递的驲传制度。实物传递在夏商时期便已出现，此时多为捎带，邻里间帮忙送个信或捎带物品等，距离一般不会很远，而且多为帮忙，并非专门服务。

周朝

　　周朝时，物流便已出现。据《周礼·秋官》记载，周朝的官职中，有"行夫"一职，行夫主要负责邮驿和物流，职责要求"虽道有难，而不时必达"。这时的快递主要用于军情政令的传递，在老百姓中使用较少。此时的物流为"步传"，顾名思义，是通过人步行进行传递的。

春秋战国时期

　　到了春秋战国时期，快递的传递方式不再是步行了，而是改用马传，近距离用单骑，远距离则采用接力传递的方式。

秦朝

到了秦朝，快递行业逐渐成形，而且有了快慢之分。对于短途的普通物件来说，送达日期没有特殊要求，一般通过步传，快一些的需要用传车。如果快递上批注了"马上飞递"，则要骑马运送，每天要走300里（1里=500 m）。而如果批注的字样为"十万火急"，那要求的速度就更快了。

随着政府职能的完善，秦朝时对快递的物品有了保护意识。秦时的文书都是写在竹简上，为防止中途泄密或被掉包，传递前将邮件捆扎妥当，并在结绳处使用封泥封好，盖上印玺，以防私拆。

同时，政府明确提出了对快递员入行的要求："隶臣妾老弱及不可诚仁者勿令。"秦始皇统一六国后，推行"书同文，车同轨"，并统一度量衡。秦朝时快递人员有了统一的工作服，传车也有了标准的尺寸。

汉朝

汉朝时，物流快速发展。"五里一邮，十里一亭"，在交通要道上，隔30里建一"置"，用于传递紧急文书。汉朝将部分传车编制，专门供驿站机构使用，当时用车快递叫"传"，用马快递称"驿"。

在对快递物品的封装上，汉代采用的工具和方式也更加丰富，外封套有函、箧、囊等，根据物件的形状、大小，分别装入不同的包装袋中。其中，"函"是一种小木盒，用来装简牍，上面有木板盖，刻线三道，凿一个小方孔，用绳子扎好后，方孔处用封泥封好。

物流探秘

魏晋时期

快递业的发展更加规范化。魏国陈群等人制定了《邮驿令》,"快递"这一概念被提出。《邮驿令》是第一部邮政法规,在我国邮政史上有着里程碑式的意义。

隋唐时期

由于大运河的开凿,水路运输省去了很多翻山越岭的时间,快递业在隋唐时期有了更进一步的发展。

据《大唐六典》记载,唐玄宗时,全国大约有1600个驿站。而有学者推算,盛唐时期,从事驿传的工作人员约有2万人,其中驿夫约1.7万人。

随着运送速度的提升,此时水产、水果快递也流行了起来。当时平原郡(今山东德州一带)进贡的螃蟹,便是使用快递从山东速递到京城的。

唐代诗人杜牧在《过华清宫绝句》中曾写到:"一骑红尘妃子笑,无人知是荔枝来。"说的就是当时唐朝的皇帝为了讨他的宠妃杨贵妃开心,使用快马传递,将远在南方的荔枝运送到了北方的长安。据《新唐书·后妃传》记载:"妃嗜荔枝,必欲生致之,乃置骑传送,走数千里,味未变已至京师。"

唐代诗人岑参在《初过陇山途中呈宇文判官》中曾写下:"一驿过一驿,驿骑如星流。平明发咸阳,暮及陇山头。"唐朝快递业的繁荣由此可见一斑。

宋元时期

宋代有一种快递叫"急脚递",在步传和马递基础上发展而来,是一种传送公文的驿传。虽名为"脚递",实为一种马递。快递途中接力传送,速度能达到日行 400 里。

到了元代,驿路四通八达。元代有一个专门的机构称为急递铺,其功能已经很接近现在的快递公司了,急递铺具体执行传递的人称为"铺兵",他们有专属的令牌,接到文件后,铺兵就带上急递铺令牌,马不停蹄地送往目的地。拥有这个令牌的人不仅要送文件,还要帮皇帝带些目的地的美食或者时令水果回去,让皇帝和宫中的妃子们尝个鲜。

明清时期

明朝的邮驿出现了一个新兴事物——民信局。民信局多以运带货物为主,同时捎带书信。到了清朝,私人的快递业务慢慢成形,民间快递公司——镖局应运而生。清朝早期,随着金融业的兴起,票号的民间商业往来需要保障,就出现了镖局。镖局的主要业务就是为票号押送银镖;到了清朝末期,随着票号的逐渐衰败,镖局的主要业务转变为帮有钱的客人押送衣、物、首饰和保护人身安全。光绪十六年(1890 年),朝廷着手推广邮政,中国近代邮政由此诞生。

运输方式：从"身背肩扛"到"车拉船载"

古代的运输方式不外乎两种：陆运和水运。陆运有步行、马递和车辆运输；水运就是用船运送。

步行

在夏商之前，最初的物流都是通过人力实现的，当时传送信件、捎带物品都只能依靠步行。

马递

到了春秋战国时期，由于快递需求日渐提高，要求到货时间短、速度快，"马递"便出现了，近距离传递物品用"单骑"，长距离传递用"接力"。

水运

我国古代最早对船的记载，可追溯到商代甲骨文中的"舟"字。诗经《国风·河广》中有诗句："谁谓河广？一苇杭之。"说明在西周时期已经出现了水

上运输。历史记载的"殷盘庚涉河迁都""武丁入河",更表明当时水运有了一定的规模。然而规模虽有,速度却多如"急惊风撞着慢郎中"。

到了隋唐时期,随着大运河的开凿,纵向连通了海河、黄河、淮河、长江与钱塘江五大水系,水路运输得到快速发展,运输方式变成了水陆递运。

随着造船技术和航海技术的不断进步,始于秦汉时期的海上丝绸之路在宋元时期达到鼎盛,成为范围覆盖大半个地球的人类历史活动和东西方文化经济交流的重要载体。明朝郑和七下西洋,我国的水运达到顶峰。清朝实行海禁,我国的航海贸易和水运逐渐衰落。

车辆运输

秦汉时期,有统一标准、专用的马车用于快递。由于马车的成本较高,速度较慢,且对道路的要求也相对较高,传车的应用有较大局限性。

延伸阅读

奚仲造车

传说中黄帝因看见蓬草随风吹转而发明了车轮,于是以"横木为轩,直木为辕"制造出车辆。夏朝薛部落(今山东枣庄)以造车闻名于世。据《左传》记载,担任官方战车、运输车的制造、保管及使用的正是夏朝薛部落的奚仲,官职名为"车正"。对于奚仲这位人类造车鼻祖,《说文解字》记载:"车,舆轮之总名,夏后时奚仲所造。",《左传》中也有相似的记录,《墨子》一书中也提到"古者羿做弓,予做甲,奚仲做车,巧垂做舟。"

木牛流马

木牛流马是三国时期蜀汉丞相诸葛亮发明的一种运输工具,专门用于运送军粮。史载建兴九年至十二年(公元231—234年)诸葛亮在北伐时曾使用,其载质量为"一岁粮",大约400斤(1斤=500 g),每日行程为"特行者数十里,群行三十里",为蜀汉十万大军提供粮食。但是其具体制作和使用方式、样貌现在不明,现在的图片多为假想图,实物也多是后人根据历史记载制作的。

▲ 木牛流马实物还原

独轮车

独轮车俗称"手推车",在近现代交通运输工具普及之前,是一种简单轻便的运物、载人工具。西晋史学家陈寿所著的《三国志》中记载,诸葛亮改进木牛流马发明了独轮车。独轮车不论在山地或者平原、宽路还是小道,都能够使用,是一种经济实用的运输工具,成为在相当长的一段历史时期使用最广的交通运输工具。

▲ 独轮车

古代物流有多快？

我国古代的邮政系统称为"驿传"或者"邮驿"，一般用于传递文书、转运物资、接待使客，由官府建立、管理，服务于官府。政府的公文往来和军情传递是邮驿的首要任务，而物资的转运可以说是其额外的工作。由于其主要任务是负责传递公文和军情，所以时间便是重中之重，烽燧（即烽火台传情）、羽檄（征调军队的文书，以鸟羽为标志，强调紧急程度）、奔命书（紧急军情）等都是这一特点的反映。

那么，古代物流到底有多快呢？

汉朝时，马递的最快速度是日行400里。

唐朝规定，车传至少要日行120里，马递则要日行180里，皇帝颁布的敕令更是要日行500里。

我们可以算一下，唐朝爆发安史之乱时，公元七五五年十一月初九安禄山在范阳（今北京一带）起兵，以唐朝最快速度日行500里计算，远在长安的唐玄宗也得6天后才能收到消息。收到消息后，还要另发文书调遣边境的精锐军队进行平叛，这样一来一回，半个多月就过去了，等到平叛大军赶来，安禄山早已不在范阳了。最终结果便是同年腊月十二安禄山就已经攻下了洛阳，威胁潼关。

宋朝速度和唐朝差不多，普通文书采用步递，日行200里，一般机要文书则要马递，日行300里，敕书传递要日行400里，最为特殊的当属金字牌急脚递文书，要求日行500里。

到了清朝，军机处的设立大大提高了文书传递的速度，一昼夜可行600里甚至是800里，咸丰、同治时期战火不断，催生了用于传递紧急军情的"红旗报捷"，一旦前方打了胜仗，负责军情传递的人就立刻以日行800里的速度飞递，沿途驿站的传令人员都要秣马以待，一听到铃声就立刻飞身上马，驰往下一站。这就是我们常常听到的"八百里加急"。

▲ 古代驿传画

古代仓储

我国古代的仓储主要用于粮食的储藏。据史料记载，古代的仓储可以追溯到新石器时代。早在公元前5000年左右，就出现了长方形、椭圆形和不规则形状的地下坑洞——窖仓。直到今天，我们在一些农村仍可见到。这些窖仓并不只是在地下挖个坑那么简单，很多窖仓的窖壁修整得光滑平坦，有的还会进行烘烤防潮处理。

▲ 窖仓

战国时期，魏国具有相当规模的仓储基地——敖仓，敖仓之间开凿了鸿沟，形成了一个仓储系统，除了仓储的作用还有军事的用途。

汉高祖七年（公元前200年）开始营建新都长安（今陕西省西安市西北），期间便建了西汉王朝的国家粮仓——太仓。地方上还有甘泉的甘泉仓、华县的华仓、左缴附近的细柳仓和嘉仓。

河南洛阳发现的隋代粮仓遗址，因规模大而被称为仓城，名为"回洛仓城"。窖仓数量达到700座，窖仓间有大量沟渠连通。

▲ 太仓博物馆

含嘉仓 隋代国家粮仓,被誉为天下第一粮仓,位于河南省洛阳市老城北,始建于大业元年(公元605年)。

宋朝时,建立了多元化仓储体系,制定了相当完整详实的仓管条例。现已知当时著名的仓库有:太仓、常平仓、义仓、社仓、惠民仓、广惠仓、丰储仓及平余仓等。

明朝时,朱元璋曾下令府、州、县多置仓廪。当时,两京、直省府州县、藩府、边隘、堡站及卫所屯戍等均设仓。

到了清朝,仓储系统和仓储制度更加发达、完善,不但设有国家级仓库,省、府、州、县等各级政府也分别设有仓库。

▲ 常平仓遗址

▲ 古甘州明朝粮仓

古代物品的包装容器

为方便运输,古代物流中的物品是会加包装的,具体的包装容器有哪些呢?

自然物包装容器

最初,由于技术条件及材料的限制,人们只能使用大自然中的物品如加工后的植物茎条、麻、毛等对物品进行包装,如篮、筐、篓、席,以及用麻、畜毛等天然纤维织成的袋、兜等。

▲ 自然物包装容器

陶制包装容器

陶器的发明和使用具有跨时代的意义,标志着包装的发展进入了一个新的时代。人们不仅可以使用传统的天然材料进行物品包装,也可以使用人工制备的容器作为包装容器,如陶罐、瓶、壶、簋、罍及瓮等。与早期的自然物包装相比,陶器具有坚硬、牢固、不易漏水等特点。按其具有的包装功能进行分类,可以分为盛装、储存粮食和种子的储器,保存火种的器具,储水和储酒的器皿三种类型。

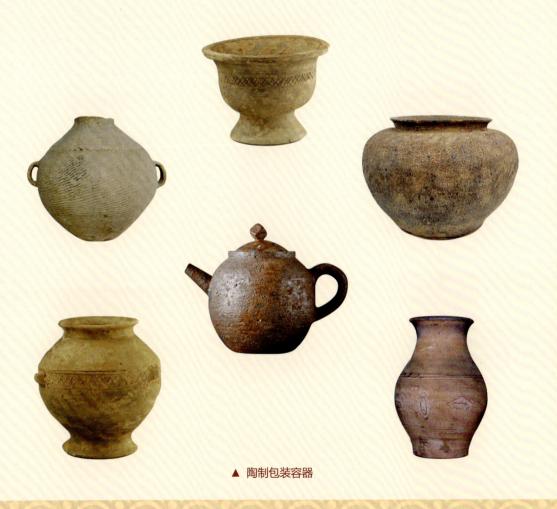

▲ 陶制包装容器

青铜包装容器

青铜材料具备良好的铸造性能和力学性能,青铜包装容器比陶制容器应用更广泛。青铜器更加坚固,密封性能好,常用来贮存食物和酒,如盨、敦、壶、卣、瓿、罍、尊缶和方彝等均属这类容器。青铜器设计有提梁,方便搬运。

▲ 青铜包装容器

▲ 四羊方尊

漆器包装容器

随着我国制胎工艺的发展,漆器包装容器登上历史舞台。相较于青铜包装容器和陶制包装容器,漆器包装容器易加工,可塑性和适用性强,使用范围广。漆器包装容器的主体为木质胎骨,有很好的再生性,取材方便,制作简单,容易普及。漆拥有良好的黏结性,易于器物的粘连,涂刷在物体表层后,对干燥、潮湿、热和磨损的抵御性能都有显著提升,因此古时使用漆器容器对物体进行包装十分常见,如食具盒、酒具盒,梳妆用的奁、黛板盒,文化用具的棋奁、砚盒,还有装兵器的箭菔等。

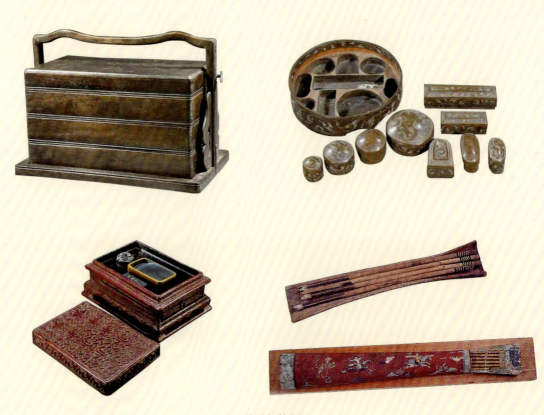

▲ 漆器包装容器

瓷质包装容器

东汉晚期,随着瓷器的出现,陶制包装容器便退出了历史舞台,甚至部分漆器包装容器也被取代。瓷器具有胎质紧密、便于清洗、经久耐用、外形美观等特点,赢得了大众的喜爱。瓷质包装容器有罐、瓶、盒等。罐、瓶主要用于盛装液体,盒根据所装物品的不同,可以分为胭脂盒、油盒、药盒、茶盒等。

▲ 瓷质包装容器

古代物流的办公场所

随着时间的推移,古代物流渐渐也有了办公场所,从最初的驿站到后来的民信局,再到镖局、邮政局。

驿站

中国是世界上最早建立组织传递信息的国家之一。驿站是中国古代供传递官府文书和军事情报的人或来往官员途中食宿、换马的场所。驿站分驿、站、铺三部分:驿,是官府接待宾客和安排官府物资的运输组织;站,是传递重要文书和军事情报的组织;铺,由地方政府领导,负责公文、信函的传递。

殷墟出土的甲骨文中发现有与传递信息有关的文字,周朝设有邮驿传递情

盂城驿 中国邮驿"活化石",全国规模最大、保存最完好的古代驿站

报,至汉朝时每30里置驿。

唐朝邮驿设遍全国,分为陆驿、水驿及水陆兼办三种。宋代人著的《五经总要》中曾提到过唐朝在营州道上所设的驿站:"因受(今朝阳市)东百八十里,九递至燕郡城(今义县),自燕郡城东行,经汝罗守捉(今北镇),渡辽河十七驿至安东都护府(今辽阳市)约五百里"。这里所说的九递十七驿虽无具体站名,但可以知道唐代驿站的设置已经到了辽东。

宋太祖赵匡胤就是在陈桥驿发动兵变,建立宋朝。宋朝的驿站趋向军事化,由兵部管理,驿卒由兵卒担任。与北宋、南宋同时期,我国北方大地上还存在着几个由少数民族统治者建立的政权:辽和金,辽在中京大定府至东京辽阳府之间设置了约十四处驿站。金则在上京会宁府至燕京之间,沿辽西傍海道设置了驿站。

元代由于疆域辽阔,为了巩固政权,更好地掌握全国各地发生的重大事件,强化了驿站制度,此时的驿站名为"站赤"。马可·波罗所著的《马可波罗行记》记载:"所有通至各省之要道上,每隔二十五迈耳或三十迈耳,必有一驿。无人居之地,全无道路可通,此类驿站,亦必设立。"(迈耳即Mile,英里。1英里=1 609.344 m)

与元代只在两条大干线上设驿站不同,明代除开通沈阳至旅顺的驿站外,还在其他干线上设置了驿站,此时的邮驿系统已趋于成熟。明末农民起义领袖李自成就曾在明朝负责传递朝廷公文的驿站当过驿卒。

在洪武元年(公元1376年)明代还诞生了一个新的机构——递运所,主要负责组织货物的运输。递运所的出现,使得货物的运输有了专门的组织,是明代物流的一大进步。

到了清朝,驿站的职能更加细分。19世纪70年代,清朝开始设立邮驿递送机构,逐渐改驿置邮,将各地的边防驿馆、海关驿站逐步以邮局代替,驿站渐渐淡出了历史舞台。

民信局

明朝永乐年间,由于商品经济的发展,商人之间需要业务上的联络,更需要货物的集散和资金的汇兑,这些都需要有一种联营的组织来承担,民信局应运而生。民信局是由私人经营的营利机构,业务包括寄递信件、物品、经办汇兑。

清朝中期,民信局快速发展,达到鼎盛期。全国大小民信局达数千家,不仅遍及国内各大商埠,还把业务扩大到东南亚、澳大利亚、檀香山等华侨聚居地。1928年,当时的南京国民政府召开交通工作会议,通过决议废止民信局,到1935年,民信局彻底销声匿迹。

▲ 麻乡约民信局

镖局

清朝早期，我国金融业渐渐兴起，民间的一些商业往来需要一个安全保障机构，古代由于交通不便，出行艰辛且具有风险，大户或有钱人家便会雇佣保镖保护自己的人身和财产安全，由此诞生了镖局。

随着社会生活日益复杂，镖局承担的工作也越来越多样，不但承接一般私家财物保送，地方官上缴的饷银也靠镖局运送。由于镖局同各地都有联系或设有分号，一些汇款业务也由镖局承担。后来，看家护院、保护银行等也来找镖局。

驿站是专门为朝廷押送一些来往信件的，这就形成了最早的信镖；到了清朝中期，随着金融业的发展，产生了票号，最初镖局的主要业务就是为票号押送银镖。到了清朝末期，随着票号的逐渐衰败，镖局业务更多的是为人保护财物或者人身安全。这也就形成了镖局的六大镖系，即信镖、票镖、银镖、粮镖、

▲ 华北第一镖局

物镖、人身镖。

镖局保镖主要有水路和陆路。镖师上路不但要会武功，还必须懂得江湖上的唇典，即行话，以便同劫镖的绿林人士打交道。走镖时，如果攀上交情渊源，彼此认同，便可顺利通过，否则只好凭功夫说话了。

镖局同江湖上关系密切。一些受官府注意的江湖游侠，若住在镖局，官府是不能缉拿的。一来因为镖局势力大，二来镖局往往都有靠山。随着社会的不断进步，火车、汽车、轮船开通，镖局的业务急剧下滑，渐渐难以为继，清末各大镖局纷纷关门。

邮政局

光绪十六年（1890年）起，清政府着手推广邮政。1896年3月20日，清朝光绪皇帝批准开办大清邮政官局，开办期间公布了《邮政开办章程》，我国开始与世界各国通过邮政进行平等交往，我国近代邮政由此诞生。

清朝的邮政服务系统是仿照欧洲模式建立的，接受清朝海关总税务司英国人赫德的指挥，赫德被光绪皇帝任命为邮政总监，管理大清邮政的业务。

清朝邮政分为两个等级，第一级为政府公文和急件，第二级则包含商人和普通百姓的信件或包裹，以及军队需要转运的战争物资。

大清邮政共计发行172种邮票，最有名的就是大清龙票。

大清邮政

龙票

古代物流界的几件大事

京杭大运河

京杭大运河又称京杭运河,简称"大运河",是中国古代一项伟大的水利工程,也是世界上开凿最早、里程最长的大运河。它南起浙江杭州,北至北京通州,全长 1 794 km,流经浙江、江苏、山东、河北、天津和北京等省市,贯通钱塘江、长江、淮河、黄河、海河五大水系,是中国一条重要的南北水上干线,肩负着南北大量物资的运输交换,对中国南北地区之间的经济、文化发展与交流,特别是对沿线地区的经济发展起了巨大促进作用。它和万里长城、坎儿井并称为中国古代三大工程,闻名世界。

大运河开掘于春秋时期,完成于隋朝,繁荣于唐宋,取直于元代,疏通于明清。在漫长的岁月里,经历三次较大的兴修,从公元前 486 年始凿,吴王夫差在扬州开挖邗沟,至 7 世纪的隋炀帝时期开凿贯通,再到公元 1293 年元朝时全线通航,成为贯通南北漕运的交通大动脉。

烟花三月下扬州

历史记载,隋炀帝称帝前最早封地在江都(今江苏扬州),大运河全线贯通后隋炀帝曾三次乘龙舟巡游扬州。唐朝诗人王泠然在《汴堤柳》中写到:"隋家天子忆扬州,厌坐深宫傍海游。穿地凿山开御路,鸣笳叠鼓泛清流。"

丝绸之路

丝绸之路一词最早来自于德国地理学家费迪南德·冯·李希霍芬,它把封建制度下的物流推到了顶峰,是中国古代物流历史上光辉的一页。

丝绸之路分为陆上丝绸之路与海上丝绸之路。陆上丝绸之路从西汉开始,繁荣于汉唐,结束于12世纪。陆上丝绸之路以西安为起点,南路到达印度,北路到达中亚各国,西路到达地中海与北非。海上丝绸之路起于秦汉,兴于隋唐,盛于宋元,明初达到顶峰,明中叶因海禁而衰落。东洋航线到达朝鲜与日本,南洋航线到达东南亚各国,西洋航线到达南亚、阿拉伯和东非沿海各国。

张骞出使西域

建元三年(公元前138年),汉武帝为了联合大月氏共击匈奴,以张骞为使者出使大月氏,开辟了以长安(今西安)为起点,经甘肃、新疆,到中亚、西亚,并联结地中海各国的陆上通道,这就是最早的丝绸之路。

郑和下西洋

明朝初期,农业经济逐渐恢复,工商业不断发展,矿冶、纺织、陶瓷、造

第1章 古代物流探寻

纸及印刷等都比以前有了不同程度的提高,发展海外交通和贸易已经是十分迫切的事。中国的丝织品、瓷器受到西方诸多国家的欢迎,赢得了很高的声誉。而中国对不能自己生产的香料、珠宝等物品,也有较大的需求。明朝永乐、宣德年间,三宝太监郑和率领船队7次远航西太平洋和印度洋,拜访了30多个国家和地区。郑和的出使远航,增强了中国同亚非各国的友好交往和经济文化交流,海上丝绸之路达到顶峰。

丝绸之路可谓是人类古代历史上最为发达、辉煌的国际物流现象,期间诞生的丝路文化也成为了我国古代最灿烂的一大物流文化。丝绸之路就是一条物流通道,不同商品由于这条通道的存在才得以交换与分享。在这条物流大道上,中国商人用茶叶、糖、蚕丝、瓷器、纸张、珍珠母、樟脑、肉桂、铜、明矾、金银、丝制品、漆器、植物油、竹器及大黄等商品,换回欧洲人和阿拉伯人的棉花、羊毛及制品、阿拉伯马、铁、铅锌、钻石、雕像、珊瑚、琥珀、鱼翅、珍珠和米等商品。中国古代四大发明(火药、指南针、造纸术和印刷术)经由陆上、海上丝绸之路传到了西方,而西方国家的文学、艺术和宗教等也相继传到中国。

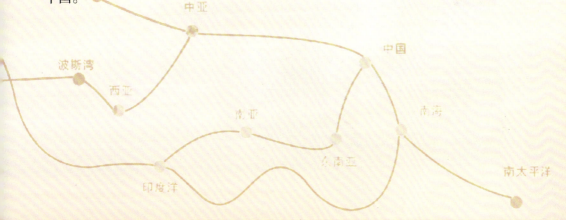

第 2 章
现代物流初识

物流探秘

当你在网上购物时，有没有想过那些心仪的商品是如何从世界各地跨越万水千山来到你身旁的呢？这得益于现代物流体系和技术的发展，下面就跟随一个包裹的脚步，了解一下快递背后的秘密吧！

包裹的旅行

我是一个小小的包裹。我诞生在一个加工厂，我从出生的地方要搬入我的新住所——储货仓库，我将在这里进行短暂的休息，一旦有人需要我，我就得

从这里出发，开启一段新的旅程，前往目的地。

搬入新家和出发都得经过严格复杂的流程，我的信息也都要进行实时跟踪管理，这样我才不至于在漫长的旅途中迷路。

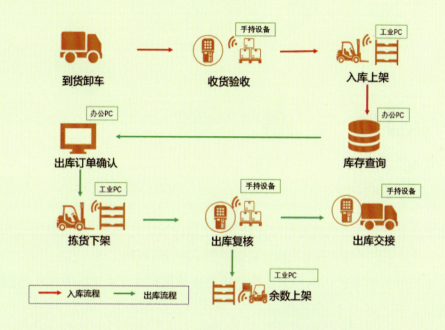

经过一系列流程，我进入了新的住所，人们称为"入库上架"。

我在仓库的货架上进行短暂休息时，物流系统的信息中心接到了一个调度订单，表明我需要前往下一个目的地了，经过在仓库的分拣后，我同

其他伙伴一起，被包装为一个新的包裹，离开我的临时住所，前往新的目的地。

旅行途中，根据需要，我乘坐着各种交通工具，当然我自己无法行走，在旅途中还要借助许多机器进行装卸搬运，运输过程中，交通工具还要进行实时定位，这样人们才能准确掌握我的位置，保障旅行的顺利。

下面就带领大家认识一下这些伴随并帮助我完成奇妙旅行的现代物流技术吧！

"我"的住所——仓储

我搬入新住所和出发的过程被人们叫做仓储作业，一般包括收货、存货、取货、发货等环节。

一般的仓库平面布置就像下图这样。我从进货大厅被搬入仓库，当准备出发时，我便进入流动货架区，经过分拣输送，最后从发货大厅出发，开始奇妙的旅行。

现代物流中的仓储大多采用自动化立体仓库，自动化体现在各种自动化设备上，立体则代表了仓库中的高层立体货架。

货架就是用来存储货物的地方，这样的存储系统由立体货架的货格（托盘或货箱）组成。下面就是各种样式的托盘，用来承载货物。有了托盘，货物搬运就会方便很多，只需要托起大小规格相同的托盘就可以搬运货物了。

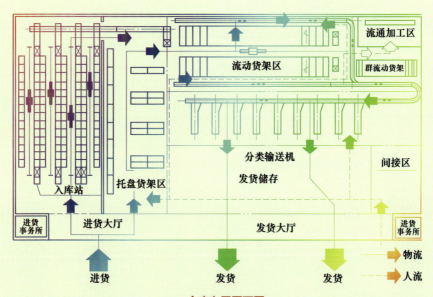

▲ 仓库布置平面图

▲ 货架

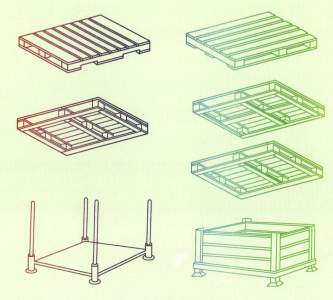

▲ 各种形式的托盘

▲ 各种形式的货箱

立体货架按照排、列、层组合而成立体仓库储存系统。就像是人们住在不同的房子里一样，我们的住所——货架，形式也是多种多样。

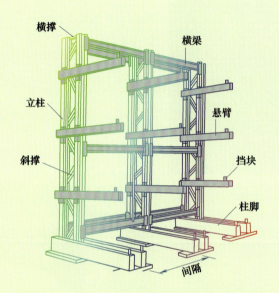

▸ **悬臂货架**
用来存储棒、管类型的长料。

流动货架 ▶
　　货物可以在货架上移动。货物从货架的进货端放入，可以在重力作用下滑动到出货端。

◀ 货格式货架

这种货架最常见，多用于存储容量较大的仓库，如以集装箱为单位存储的立体仓库。

旋转式货架 ▶

可以水平或垂直旋转，适用于存储体积小、重量轻的物品。

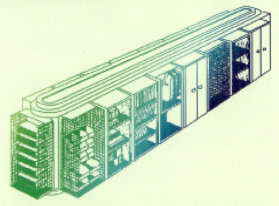

◀ 被动辊式货架

用于存储重量和体积较大的物品。这种货架的货格中有很多无动力的辊子，借助其他设备的动力驱动这些辊子，就可以将货物存入或取出。机场货运物品多采用这种形式的货架。

穿好衣服——包装

对于货物来说,包装就如同人们的衣服一样重要,它们一是起到容纳作用,二是为了保护货品。针对不同种类的货物或者商品,需要不同的设备来进行包装。

传统包装都是人工一个个打包,现代工业和物流中当然就使用效率更高的机械设备啦!

◀ 糖果包装机

最典型的包装设备就是糖果包装机,我的朋友们——各式各样的糖果,就是通过糖果包装机完成"穿衣"的过程。

▼ 糖果的包装流程

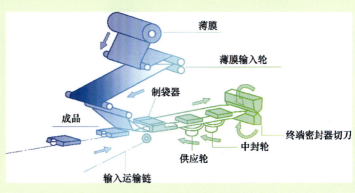

▼ 充填机械

将物料按预定的容量、重量或数量等充填至包装容器内，常用于价格较便宜、密度较稳定、体积要求比重量要求更高的干料或稠状液态物料的充填。

◀ 灌装机

主要用于将定量的液体物料充填到包装容器内。

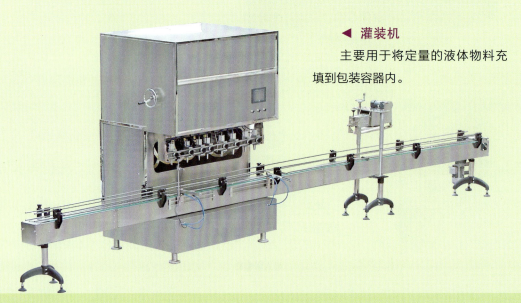

▼ 封口机械

用于物料的密封,从而达到防腐、保质的效果。

◀ 裹包机械

用包装材料进行全部或局部裹包产品的设备。

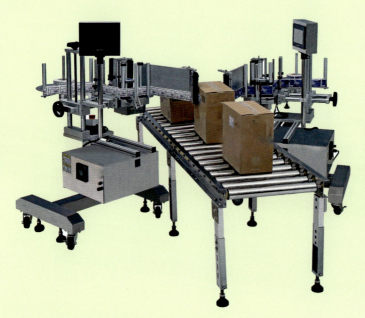

◀ 贴标机械

我们常常看到商品上有许多白色的贴纸，这上面包含着它们的主要信息，便于对物品进行识别跟踪。贴标机用黏结剂将标签贴在包装件或产品上，就相当于发放"身份证"啦。

捆扎机械 ▶

利用带状或绳状捆扎材料将一个或多个包件紧扎在一起的设备。主要用于纸箱、钙塑箱，书刊，软硬包及方形、筒状、环状等形状物件的捆扎包装。

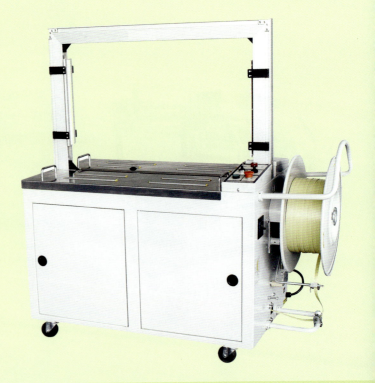

▼ 集装机械

用于将货物集装在箱子中并整齐摆放，便于后续的运输。常见的有龙门式码箱垛机、工业机器人式码箱垛机、龙门式卸箱垛机、连续式装箱机、间歇式装箱机及连续式卸箱机。

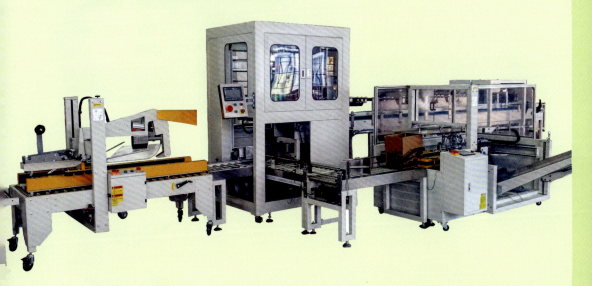

▼ 堆码机

如何认识"我"——识别

在物流中,有许许多多的包裹在进行着各自的"旅行",而在旅行中各种各样的设备和技术会提供"旅行"的全程服务,就像人们都有着不同的身份一样,物流中的包裹也需要拥有各自的"身份",这样在"旅行"时各种设备就可以识别出它们的信息,根据它们的信息帮助它们去到目的地,并且能对它们进行实时跟踪,防止包裹丢失或"迷路"。识别技术主要有条码识别和射频识别,下面一起了解一下吧!

▼ 身份信息

条码识别

条码是指将宽度不等的多个黑条和空白，按照一定的编码规则排列。黑色对光线的反射率低，而白色对光的反射率高，黑色条与白色空的宽度不同，就能使扫描光线产生不同的反射接收效果，在光电转换设备上转换成不同的光脉冲，形成可以传输的电子信息。

条码识别装置用来读取条码信息。它采用光学装置将条码的信息转换成电频的信息，再由专用译码器生成对应的数据信息。

在我"穿好衣服"后，就需要在包装上打上属于我自己独一无二的条形码，这样旅行中碰到的人们就可以通过扫描条形码来认识我。

▲ 扫码

射频识别

射频识别技术是一种无接触式双向数据通信技术。通常情况下，被识别的设备需要携带射频卡，卡上携带了大量的数据，由射频识别设备进行读取。由于射频识别技术中标签具有可读写功能，对于需要频繁更改数据内容的场合尤为适用。

▲ 射频卡

分道扬镳——分拣输送

漫漫旅途中，我会认识许多"朋友"，但是聚少离多是我们的日常状态，因为我们的种类大多不同，目的地也遍布世界。我们的"离别"是在分拣输送系统中进行的。

分拣输送系统是将随机的，不同类别、不同去向的物品，按特定要求进行分类的一种物料搬运系统。许多情况下需要将不同的货物整理到同一个包裹中，不同的包裹有不同的目的地，这就需要对货物和包裹进行分拣。分拣可以让大量分拣人员来做，分拣人员根据订单信息进行分拣，需要在仓库中的不同分区寻找不同的货物，效率很低。

现代物流中多采用自动化设备进行分拣，利用前面提到的识别技术，设备可以轻松地识别不同货物、不同包裹的信息，按照一定的规则进行分拣。

输送机

输送机顾名思义就是运送货物和包裹的机械，物流行业中常用的有：带式输送机、悬挂式输送机、辊道式输送机等。

带式输送机是一种利用连续的输送带来连续输送物料的机械。利用摩擦驱动原理，由传动滚筒带动输送带进行工作，可用于输送各种散件物料和不太重的成件物品。

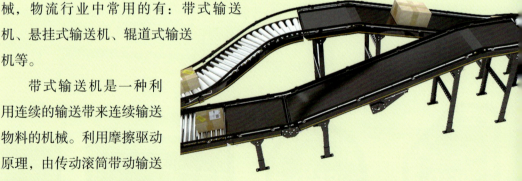

▲ 带式输送机

悬挂式输送机是利用连接在牵引链上的滑架在架空轨道上运行以带动承载件输送成件物品的机械。输送的物品悬挂在空中，可节省生产面积，能耗也小，在输送的同时还可进行多种操作，便于实现有节奏的流水运转。

辊道式输送机就是利用一个个滚筒实现货物的输送。适用于各类箱、包、托盘等件货的输送，能够输送单件很重的货物。辊道输送的一大特点是可以灵活改变输送方向。

▲ 悬挂式输送机

▲ 辊道式输送机

滑槽

滑槽是一种既便利又经济的输送设备。它不需要动力，完全靠包裹的自重由上而下传送，就像"玩滑梯"一样。

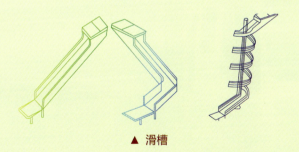
▲ 滑槽

专用分拣机

分拣信函、报纸等需要用到专用分拣机，还有一些特殊的物品需要采用特殊的分拣设备。

走合适的路——运输方式

旅行当然少不了交通工具，我们通常乘坐的交通工具有汽车、火车、轮船和飞机，有时我们还会在管道里穿梭。

公路运输

公路运输主要是使用汽车在公路上进行运输。相较于其他方式，公路运输在运输速度上并不具有很大优势，在长途运输中还需要司机换班以避免疲劳驾驶，所以公路运输主要承担近距离、小批量的货运。但公路运输有很强的灵活性，依赖于四通八达的道路建设，公路运输可以到达许多水运、铁路运输到不了的地方。另外，公路运输投资较低，对收货站设施要求不高。

▲ 货车

铁路运输

铁路运输是使用铁路列车运送货物的一种运输方式。与公路运输不同的是，铁路运输速度要快很多，而且一趟列车的货物承载量也远远大于货车，铁路运输主要承担长距离、大数量的货运。铁路运输依赖于铁路建设，当然目前铁路网的发展也非常迅速，但列车站点的建设成本要高于公路。铁路运输的优点是速度快，载运量大，总体运输成本较低。主要缺点是灵活性差，只能在固定线路上运输，需要与其他运输手段配合和衔接。

◀ 火车

水路运输

水路运输（水运）是使用船舶运送货物的一种运输方式。水运主要承担大数量、长距离的运输。在内河及沿海，水运也常作为小型运输工具使用，承担补充及衔接大批量干线运输的任务。

水运中一般以集装箱来承载货物，在港口我们可以见到大量堆放的集装箱。

▲ 货船

▲ 集装箱码头

集装箱是一种标准化的承载单位，在此基础上建立了一整套运输体系。所以我们也能看到一些货车搭载着集装箱进行运输，人们以集装箱为基础逐步实现全球范围内的船舶、港口、航线、公路、中转站、桥梁、隧道及多式联运相配套的物流系统。

集装箱码头是水陆联运的枢纽站，是集装箱货物在转换运输方式时的缓冲地，也是货物的交接点，因此集装箱码头在整个集装箱运输过程中占有重要地位。

水运的主要优点是成本低，能进行大批量和远距离的运输。但是水运也有显而易见的缺点，主要是运输速度慢，受港口、水位、季节和气候影响较大，一年中运输中断的时间较长。

航空运输

航空运输是使用飞机或其他航空器进行运输。航空运输的成本很高，因此在以前，主要用于运输诸如贵重设备的零部件、高档产品等运载价值高、运费

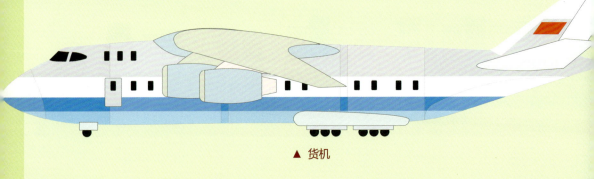

▲ 货机

承担能力很强的货物,以及紧急需要的物资。而如今,随着市场竞争越来越激烈,货物的时效性愈发重要,航空运输成为物流中不可或缺的一种运输方式。人们可以足不出户吃到千里之外的新鲜水果,也得益于航空运输的运送速度。

管道运输

管道运输是利用管道输送气体、液体和粉状固体的一种运输方式。其运输是靠物体在管道内顺着压力方向循序移动实现的,和其他运输方式重要区别在于,管道设备是静止不动的。

管道运输的主要优点是:由于采用密封设备,在运输过程中可避免散失、丢失等损失,也不存在其他运输设备本身在运输过程中消耗动力所形成的无效运输问题。另外,运输量大,适于量大且连续不断运送的物资。缺点就是专用性强,只适合运输石油、天然气一类的货物,由于管道都是固定建设的,相较于其他运输方式也不够灵活,管道也不能随意扩展,所以通常也要与其他方式配合。

搬家——装卸搬运

一个包裹的旅途需要经过许多次的"搬家",这就是货物的装卸搬运过程。包裹当然没有办法自己行走,这就需要借助各种装卸搬运设备来进行"搬家"。

起重设备

起重设备就是一种起吊搬运货物的设备。对于一些重型货物,仅仅依靠人力来装卸搬运是不现实的,人们利用起重设备能够实现重达几十吨甚至上千吨货物的搬运。

常见的起重设备有桥式起重机、塔式起重机和汽车起重机。

桥式起重机简单来说就是像一座桥一样,不过这座"桥"是可以移动的,通过"桥"的移动实现起吊货物在一定空间的移动。

塔式起重机则像一座高塔,在城市建设中常常能见到它的身影。

汽车起重机,也就是俗称的"大吊车",便是把起重机和汽车结合起来,这样就可以更加灵活地移动了。

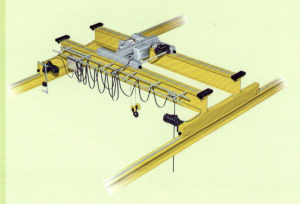

▲ 桥式起重机

▲ 汽车起重机

▲ 塔式起重机

堆垛机

仓库中的货物需要分类有序地放置，这就要用到堆垛机。常见的堆垛机有叉车和巷道堆垛机等。

叉车由自行的轮胎底盘和能垂直升降、前后倾斜的货叉，门架等组成，主要用于件货（以件计量的货物）的装卸搬运。

巷道堆垛机主要用于在高层货架的巷道内来回穿梭运行，将位于巷道口的货物存入货格，或者取出货格内的货物运送到巷道口。

▼ 叉车

▲ 巷道堆垛机

自动导引车

自动导引车是一种装有电磁或光学自动导引装置、能够沿一定的导引路径行驶、具有安全保护及移动载运功能的运输车。自动导引车上配备有自动导向系统，可以使运输车不需要人工引航就能沿预定的路线自动行驶，最终将货物或物料从起始点运送到目的地。自动导引车广泛应用于仓储业、制造业、邮政系统、港口码头和机场，以及危险场所和特种行业。

自动导引车具有较好的柔性，可以与各种设备配合工

▲ 自动导引车

作，一般配备有装卸机构，可以与其他物流设备自动接口，实现货物或物料装卸、搬运全过程自动化，在通信系统的支持和管理系统的调度下，可实现物流的柔性控制。自动导引车的行驶路径可根据仓储、生产工艺流程等的要求而灵活改变，其载物平台可以采用不同的安装结构和装卸方式，能满足不同产品运送和加工的需要。

与传统物料输送系统在车间内固定设置且不易变动相比，由自动导引车组成的物流系统运行场景多样，并可以充分利用各种通道，从而提高地面利用率。

在物流系统中常见的用于搬运货架的机器人，其搭载各种货架在仓储分拣车间运行，可以实现货物的快速流转和分拣操作。

▲ 搬运货架的自动导引车

随着物流的发展，用于小件分拣的自动导引机器人也逐渐发展起来，成百上千的机器人同时运行，相互协调，互不干扰，将小件货物运送到指定的投放点进行分拣，大大提高了小件货物的分拣效率。

▲ 物流小件分拣机器人

机械臂

现代化的生产车间里经常会有机械臂的身影,它们往往各司其职,根据生产线的需要,在不同的工位完成不同的工作,如汽车生产车间中的焊接机械臂、喷涂机械臂、组装机械臂等,机械臂能够准确高效地协同工作。

在太空中,机械臂也有应用,舱外太空机械臂能够完成辅助对接、目标搬运、对目标的捕获抓取等任务,还能协助宇航员进行出舱活动。

▲ 汽车生产车间中的机械臂

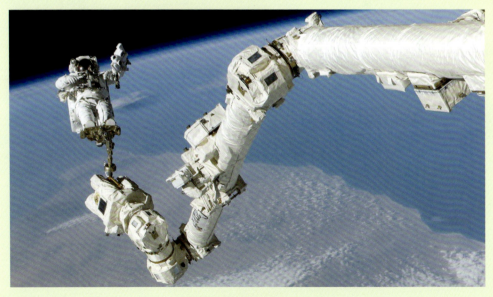

▲ 太空机械臂

▲ 堆垛机械臂

物流系统中，许多机械臂用来完成装卸货物和分拣货物的工作，机械臂的多自由度及精准定位，大大提高了搬运分拣的灵活性和效率。

机械臂按照驱动方式有液压式、气动式、电动式等，一般液压式机械臂具有较大的抓举能力，气动式机械臂结构简单且运行速度快，电动式机械臂具有较快的响应速度。

根据特定场景，选用合适的机械臂，根据需求给机械臂配备不同功能的末端执行器，如码垛机械手中常用的是一种托盘，对于表面较为平整的货物，托盘中产生负压并吸附在货物表面，就可以把货物抓取起来。

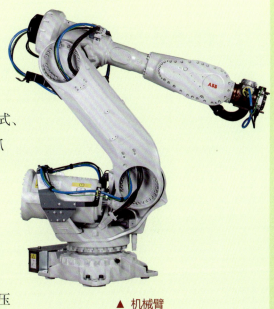

▲ 机械臂

▼ 码垛机械手

怎么找到"我"——定位

为了防止包裹在旅途中"走丢"或"迷路",需要对其进行定位,这样就可以实时掌握包裹的动态了。常用的定位技术有卫星定位技术、Wi-Fi定位技术、蓝牙定位技术和超宽带定位技术等。

现代物流中常用的定位技术为卫星定位技术,GPS即全球定位系统是由美国主导开发的定位系统,中国的北斗导航系统也在飞速发展中,它们的基本原理都是一样的。

▲ 定位

定位原理

卫星定位系统是利用三点定位原理,在需要定位的装置设备如货车上安装信号接收机,已知接收机到达1号卫星和3号卫星的距离,那么1号和3号卫星根据距离产生两个球体,两个球体相交的部分为圆形,该圆形与地球表面靠近的任何一个点都有可能是当前接收机的位置。根据这两个距离信息,再引入第三个卫星的距离,就可以确定物体的具体位置。在实际

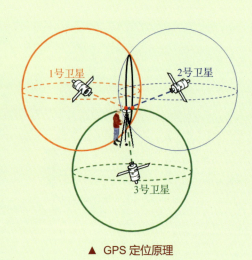

▲ GPS定位原理

应用中,GPS接受装置会利用4个以上卫星信号来定位出使用者所在的准确位置。

差分定位

为了更精确地定位，还可以在地面上安装基站，基站安装位置是确定的，通过定位信号在卫星与基站之间的差别可以更加精确地确定物体的位置，这就是差分定位。这种技术能够将卫星导航的定位精度提高到厘米级。

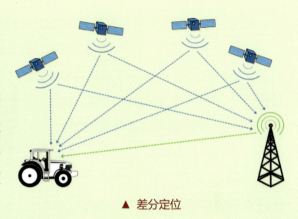

▲ 差分定位

信号遮挡和多路径效应

仅依靠 GPS 定位，当 GPS 接收机附近建筑物或遮挡物较多时，很容易失去一部分卫星信号，依靠剩余的卫星信号求得的定位结果，在精度上很难满足要求，造成定位不准确，这就是信号遮挡问题。

理想状态下，GPS 接收机只接收来自卫星的信号。但在实际环境中，观测站附近的反射物所反射的卫星信号（反射波）也会被接收机接收，反射波会和直接来自卫星的信号（直接波）产生干涉，从而使观测数据偏离真实数据，产生"多路径误差"。这种由于多路径的信号传播所引起的干涉时延效应称为多路径效应。多路径效应会严重损害 GPS 定位的精度，严重时还将引起信号的失锁，是 GPS 定位中一种重要的误差源。

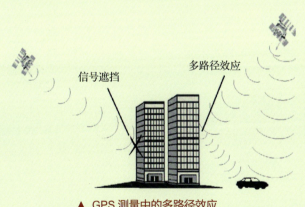

▲ GPS 测量中的多路径效应

融合定位

解决信号遮挡和多路径效应的方法之一就是融合定位,即结合车辆的历史运动轨迹及运动状态,对 GPS 接收到的定位结果进行进一步的过滤和检验,预测车辆当前时刻的坐标、速度等信息,利用各种滤波方法有效减小 GPS 所造成的误差。将得到的结果与高精度地图信息进行匹配,地图匹配算法依据地图数据对车辆位置进行进一步修正。

▲ GPS 导航仪

主动定位——激光雷达

除了借助卫星获取位置的 GPS 技术,目前许多运输机器人搭载激光雷达进行主动定位,无论室内室外,机器人都可以借助激光雷达感知周围环境,并构建环境的模型。

▼ 激光雷达眼中的世界
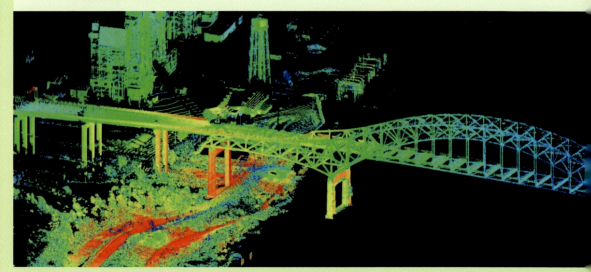

激光传感是目前机器人和自动驾驶中应用较为广泛的一种技术。激光传感一般指基于激光雷达获取车辆周边环境的二维或三维距离信息，通过距离分析识别技术对环境进行感知。

激光雷达由发射系统、接收系统、信息处理系统三部分组成。激光器将电信号转变成光信号发射出去，光接收机再把从目标反射回来的光信号还原成电信号，最后经过一系列算法得出目标位置（距离和角度）、运动状态（速度、振动和姿态）和形状，可以探测、识别、分辨和跟踪目标。

1. 激光雷达测距原理

目前主流的激光雷达产品按技术路线大体可以分为两类，一类是三角法测距，另一类是时间飞行法测距。

三角法测距的原理是：激光器发射激光，在照射到物体后，反射光由线性电荷耦合器件图像传感器（Charge Coupled Device，简称CCD）接收，由于激光器和探测器间隔了一段距离，所以依照光学路径，不同距离的物体将会成像在CCD上不同的位置。按照三角公式进行计算，就能推导出被测物体的距离。

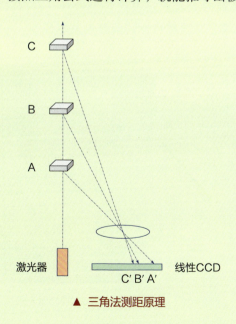

▲ 三角法测距原理

时间飞行法测距的原理是：激光器发射一个激光脉冲，并由计时器记录下发射的时间，回返光经接收器接收，并由计时器记录下回返的时间。两个时间相减即得到光的"飞行时间"，而光速是一定的，因此在已知速度和时间后就很容易计算出距离。在激光雷达中采用这种方式测距的有脉冲式激光雷达和相位式激光雷达。

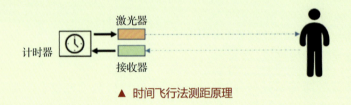

▲ 时间飞行法测距原理

2. 激光雷达扫描方式

（1）机械式旋转

通过多束激光竖排，绕轴进行360°旋转，每一束激光扫描一个平面，纵向叠加后呈现出三维立体图形。多线束激光雷达可分为16线、32线、64线，线束越高可扫描的平面越多，获取目标的信息也就越详细。

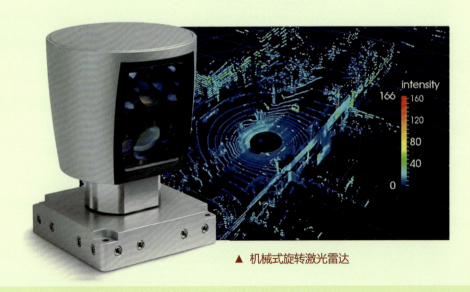

▲ 机械式旋转激光雷达

（2）微机电系统

整套系统只需一个很小的反射镜就能引导固定的激光束射向不同方向。激光驱动控制激光发射到微机电系统中的反射镜，通过反射镜来控制激光束角度，扫描角度可达60°～70°，扫描频率可达数万赫兹，镜面尺寸为毫米级，曲率半径为米级。

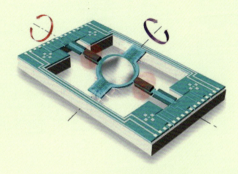

▲ 微机电系统的微振镜

（3）光学相控阵

光学相控阵雷达的每一个单元都可以对通过光的速度进行控制。当一束光被分成多个小单元时，每个小单元的光束通过一个光学相控阵单元，并被相控阵单元严格控制速度。当每个小单元的光束以同样的时间通过光学相控阵时，其速度恢复到进入光学相控阵前的速度，但由于每个小单元的光束所走过的光程不一样，通过光学相控阵后合成的波阵面将发生明显变化，从而使得光束的指向发生偏转。

把光学相控阵做成二维阵列，就可以实现二维的扫描。相比于传统的机械式旋转雷达，它有扫描速度快、精度高、可控性好的优点，但也易形成旁瓣，影响光束作用距离和角分辨率，同时生产难度较高。

▲ 光学相控阵原理

3. 激光雷达的优缺点

激光雷达系统是一种主动式测量系统，通过发射激光脉冲获取目标的反射信号，从而直接获取地面三维信息，测量不受光照条件的限制，夜间同样可以作业。激光雷达具有极高的距离分辨率、角分辨率和速度分辨率，可获取目标的距离、角度、反射强度和速度等信息，生成目标多维度图像。

激光雷达抗有源干扰能力强。激光直线传播、方向性好、光束非常窄，只有在其传播路径上才能接收到，且激光雷达的发射系统口径很小，可接收区域窄，干扰信号进入接收机的概率极低。此外对于机器来说，激光雷达体积小，重量轻，便于安装。

激光雷达也有缺点：成本高，造价昂贵。测量精度会受被测物表面的影响。激光雷达基于对激光脉冲返回传感器所需时间的测量，大多数材料从微观水平上看表面粗糙，并且向所有方向散射光，这类散射光的一小部分返回到传感器，足以产生距离数据。如果被测物的表面反射率非常高，光就会向远离传感器的方向散射，那么这一区域的点云就会不完整。另外，激光雷达也易受到天气的影响。

看不见的网络——物联网

物联网即"万物相连的互联网",是在互联网基础上的延伸和扩展。物联网旨在将各种机器设备与互联网结合起来形成一个巨大的网络,实现人和物的互联互通。

物联网终端已经逐步渗透进人们的生活,是世界信息产业的第三大趋势。物联网将与更多智能设备相结合,使人们的生产生活更加高效便捷。

物流探秘

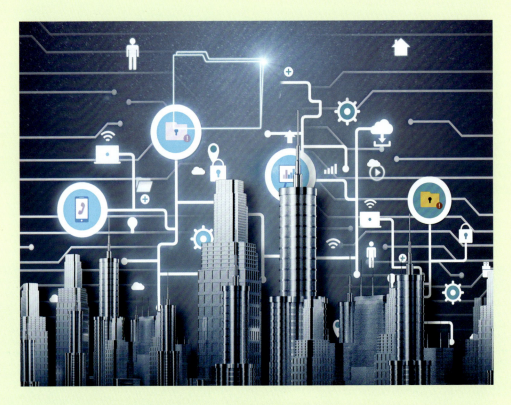

对于家庭来说，物联网能使人们轻松管理自己家中的各种家电设备，也能实时监控房间内的各种设备安全状况。对于工业来说，物联网可发挥的价值就更大了。

德国提出工业 4.0 的概念，就是基于工业物联网的制造业升级。对于物流领域，它可以将货物与互联网连接起来，让用户可以看到从货源到商品销售的全过程。物联网可以定位、识别和跟踪货物的移动，实现全程监控。

▲ 工业 4.0

物流中的物联网

物流领域是物联网相关技术最有现实意义的应用领域之一。物联网的建设会进一步提升物流智能化、信息化和自动化水平,推动物流功能整合,对物流服务各环节将产生积极影响。

1. 生产环节

基于物联网的物流体系可以实现整个生产线上的原材料、零部件、半成品和产成品的全程识别与跟踪,减少了人工识别的成本,也提高了生产效率。比如前文提到的条码识别技术和射频识别技术,就能通过识别,从种类繁多的库存中快速准确地找出所需的原材料、零部件等,并能够自动更新库存信息。

2. 运输环节

通过物流车辆管理系统对运输的货车及货物进行实时监控，可完成车辆及货物的实时定位跟踪，监测货物的状态及温/湿度情况，同时监测运输车辆的速度、胎温胎压及油量油耗等车辆行驶状况，监测车辆行驶安全，减少或避免交通事故的发生，也为进一步的运输分配提供参考。这对在货物运输过程中提高运输效率、降低运输成本，以及减少货物损耗十分有效。

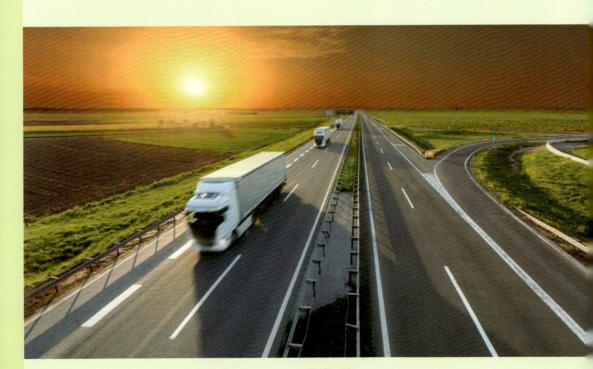

▲ 物流运输

3. 仓储环节

仓储中同样需要各种各样的识别技术来识别货物，与此同时还需要网络来传输、存储、更新这些识别信息，并将货物有序、高效地入库、出库。这样构建的智能仓储系统与传统的人工扫描录入和人工分类相比，效率大大提高，并使仓储

▲ 智能仓储管理

管理更加简单清晰，流程跟踪更加准确到位，同时也便于执行整个系统的数据查询、备份、统计、报表生产及管理等任务。

4. 配送环节

在配送中不少地方都有智能快递柜，能够实现对货物进行识别、存储、监控和管理等功能，智能快递柜与服务器一起构成了智能快递投递系统。服务器能够将智能快递柜终端采集到的数据信息进行处理，并实时在数据后台更新，方便使用人员进行查询、调配及维护等操作。

快递员将物品送达指定地点并存入快递终端后，智能系统就可以自动通知用户取件，在一定时间内，用户可以随时去智能终端取货物，简单快捷地完成取件，一定程度上提高了配送效率。

▲ 智能快递柜

物流中物联网面临的挑战

物联网促进物流产业的升级，但物联网本身也仍处于发展当中，目前还存在很多问题。

1. 技术方面

物联网能够推动物流的智能化，但属于通用技术，而物流业是个性需求最多、最复杂的行业之一，甚至在一些领域，应用要求比技术开发难度还大。因此，要充分考虑物联网通用技术如何满足物流产业的个性化需求。此外，如何及时、准确地采集信息，如何使信息实现互联互通，如何及时处理海量感知信息并把原始传感数据提升到信息，进而把信息提升到知识，这些都是物联网需重点研究的问题。

▲ 大数据

2. 标准化方面

物联网的实现需要一个标准体系的支撑，这样才能够做到物品检索的互通。但是，目前所制定的标准并没有形成一个统一的标准体系，由于在标准制定过程中各领域独立进行，使所制定的标准之间缺乏沟通和协调，没有采用统一制式的编码，这给物联网各种技术的融合带来了很多困难，阻碍了物联网在物流业的推广。

3. 安全方面

作为物联网的关键技术，射频识别还存在着很多技术上的不成熟和设计缺陷。首先是隐私问题。射频识别技术的最大风险是信息的泄露，由于它的基本功能是保证任意一个标签的标识或识别码都能在远程被任意地扫描，且标签自动、不加区别地回应阅读器的指令，并将其所存储的信息传输给阅读器，这一特性可用来追踪和定位某个特定用户或物品，从而获得相关的信息。但是也存在未经授权的机构或个人对射频识别标签的读取和写入，甚至进行非法追踪、盗取货物或机密信息，以谋求利益或蓄意破坏的风险。此外，由于物联网离不开互联网的支持，因此也会面临互联网存在的安全隐患，也会面临由于病毒和黑客的攻击而导致的系统瘫痪。企业商业机密的泄露，会使企业丧失市场机会，给企业造成重大经济损失等。

4. 成本方面

目前，制约物联网技术在物流产业中应用的一大障碍就是成本问题。当前可以实现远距离扫描的标签成本约为每个 7 元人民币，阅读器成本大约为每个 7 000 元人民币，物联网技术的应用成本还包括接收设备、系统集成、计算机通信及数据处理平台等综合系统的建设，这将会给利润较低的物流产业带来沉重的负担。所以若没有急迫需求，企业很少会主动应用电子标签。目前物联网技术的应用主要集中在利润较高和单件物品价值较高的领域。

第3章
未来物流漫游

> 未来的物流在不少科幻电影、漫画中都有所呈现，这些呈现或许天马行空，但却常常带给人们灵感。在物流产业蓬勃发展的今天，各大物流企业像美国的亚马逊卓越有限公司（简称：亚马逊）,京东集团（简称：京东）、阿里巴巴集团（简称：阿里巴巴）等都对未来物流有着无限的遐想，随着5G、物联网、大数据、信息物理系统、人工智能和机器视觉等众多创新科技的应用，无人仓库、无人运输和无人机配送等都有可能成为现实，未来的物流会更加智能化、智慧化。

上天入地下海——未来仓库

无人仓库是依靠智能化物流系统应用集成，实现机器替代人工，全仓储流程无人化。京东的亚洲一号无人仓及阿里巴巴、亚马逊的智能无人仓库等都是具有代表性的无人仓库。这些仓库中，到处都是机器人和机械臂的身影，各种物联网技术联动交互。

在未来世界中，仓库不再局限于地面上的实体建筑，那些上天入地下海的未来仓库也许在现在看来很不现实，然而它们凭借自身的便捷性、充分地利用空间，很有可能在未来走进人们的生活。

空中仓库

在未来,物流仓库能突破重力的限制,进入天空。可以用"空中飞船"作为仓储基地,在空中仓库储备货物,当客户下订单时,由无人机或无人驾驶飞行器根据指令发送包裹。空中仓库和无人机通过远程计算机连接起来,人在空中或地面对其进行管理。

在现代零售环境中,仓库的前置变得越来越重要,简单说就是把仓库设在离消费者更近的地方,用户下单后,能够尽可能在最短的距离和时间内送货上门。

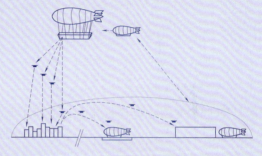
▲ 空中仓库系统

在空中漂浮着的可移动仓库配上无人机,不仅解决了配送的距离问题,也解决了仓库的空间问题,以及物流运输途中的交通问题。

当然,在顾客体验、配送成本上优势很明显的"漂浮仓库",除了技术上的挑战之外,运营的难度也是极大的。首先,由于订单的不确定性,需要做出更精准的销售预测;其次它能承载的货量是有限的,因此存在如何及时补货的问题;最后,使用无人机进行配送还会涉及一系列与无人机相关的安全与信任问题等。

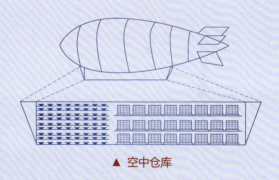
▲ 空中仓库

任何一项新技术、新模式都需要接受时间的考验,但不可否认,这种不同以往的仓配模式为物流配送提供了一个新思路。

水下仓库

在包裹上加装类似气球的装置，这个装置可以缩小自身体积，从而使包裹所受浮力有差别，通过控制体积即可确保包裹呆在不同水深处。它可以通过多种方式如声波信号等来获取指令，接收到特定的深度信息，它就能上浮或下潜到这个具体的位置。当商品需要配送时，它可以根据指令浮出水面，当包裹被取出后装置可重复利用。

水下仓库的优势有：首先，存储空间与地面仓库相比没那么受限；其次，可更有效地利用存储空间，自动调节的系统还能节省不少人力成本。当然这也给仓库管理人员提出新的挑战，检索订单如何实现、订单里有存储位置距离出货口很远的多个物品时该怎么处理等。

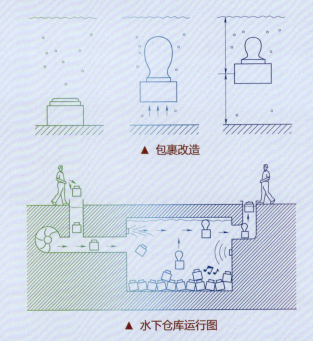

▲ 水下仓库俯视图

▲ 包裹改造

▲ 水下仓库运行图

智慧快速灵动——未来配送

无人机配送

亚马逊、京东在配送无人机方面都有诸多的专利：亚马逊的 Prime Air 2013 年已经实现了无人化的派送过程。2016 年 12 月 7 日，亚马逊首次实现了使用无人机给客户送货。2016 年 6 月 8 日，在江苏宿迁，京东无人机完成了第一单送货。

亚马逊的 Prime Air 可在 24 km 左右的范围内送货，预测可续航 50 km，其速度可达到 88 km/h。京东无人机可以抓取约 10 kg 的货物，电池续航时间约 50 min，可以飞 10 km 以上，飞行速度可达 100 km/h。

无人机配送除了能够节省商品在派送路途上的时间外，还可以节省大量的运输成本。"最后一公里运输"即把货物从最后的配送中心送到客户家门口的运输成本将降低 80%。

▲ 京东无人机

▲ 亚马逊无人机

以当前无人机的性能而言,最关键的就是续航问题。亚马逊计划利用现有的垂直装置,例如路灯、电话亭和信号塔等,把它们改造成无人机的"加油停机坪"。无人机可以在"停机坪"得到补给。

针对无人机,亚马逊还有一系列的专利:无人机送货集群、无人机塔和无人机移动飞行平台等。

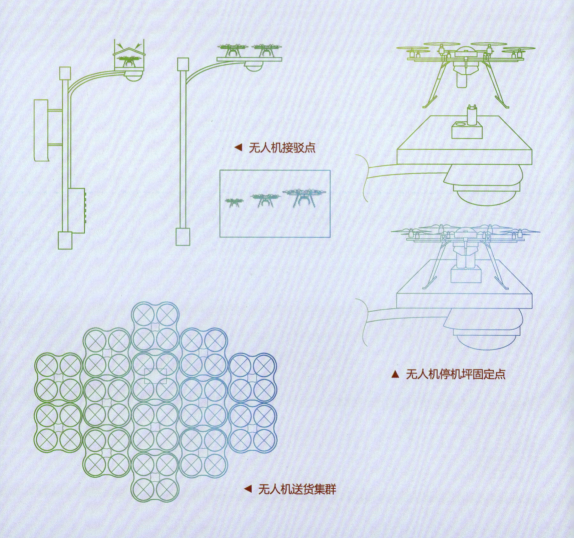

◀ 无人机接驳点

▲ 无人机停机坪固定点

◀ 无人机送货集群

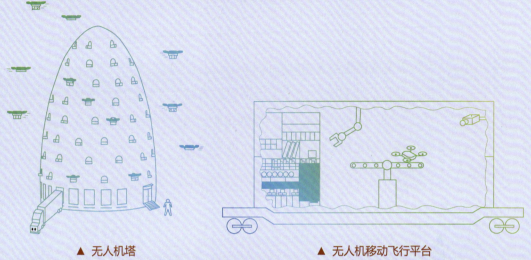

▲ 无人机塔　　　　　　　　　　▲ 无人机移动飞行平台

在智能物流无人机的研发方面，亚马逊进展较快，目前有派送无人机 Prime Air 和仓储机器人 Kiva，联合包裹服务公司（United Parcel Service，Inc.，简称 UPS）、德国邮政、法国邮政企业也在不断探索和实践中，中国以京东、顺丰为代表的物流企业也在开展无人机研发和应用实践，以新松机器人自动化有限公司为代表的众多企业也不断有仓储机器人产品面世。

在无人机的应用方面，目前虽然采用无人机能有效提高配送效率，减少人力和运力成本，但是前期投入的成本相当高，无人机快递在技术上可以实现，但在政策层面如低空运输管制等还存在诸多问题。但相信在未来无人机配送会有非常光明的发展前景。

无人车配送

2016年成立的硅谷初创公司Nuro近期推出了一款自动驾驶车,欲携手亚马逊、UPS及一些零售商构建无人驾驶配送网。Nuro无人配送车的质量约680 kg,用电池组提供能量,长度和高度与传统运动型多功能车大致相同,但宽度只有1 m,只用于配送包裹,不适合载人。每辆配送车的内部都采用模块化设计,不同的商家可以选择定制自己的无人配送车,例如杂货商可以选择配备货架和冷藏设备、干洗店可以安装挂衣架。

当然，Nuro 公司并不是第一家将关注点放在无人配送小车上的公司。2016 年 9 月 1 日下午，京东集团宣布，由其自主研发的我国首辆无人配送车已经进入路测阶段。2017 年夏天，福特汽车公司开始与达美乐比萨公司测试配送比萨的自动驾驶汽车。2018 年 1 月，丰田在拉斯维加斯推出了自动驾驶配送汽车，这款名为 e-Palette 的未来造型配送货车已经与亚马逊公司和必胜客公司建立了合作关系。

超越限制——未来运输

无人卡车

戴姆勒公司在德国测试了一款无人驾驶卡车,名为梅赛德斯—奔驰未来卡车2025——Future Truck 2025。该车拥有超过40 t的体重,但在车载电脑和传感器的帮助下,可以自主在公路上高速平稳地行驶,可减少因卡车司机疲劳驾驶引发的交通事故,大大提高运输效率。

随着无人驾驶技术由轿车扩展到卡车领域,未来无人物流或将成为可能,未来从生产到运输整个环节有可能会实现彻底的无人化,整个供应链很可能发生革命性的变化。

无人船

在无人船技术日趋成熟的同时,无人航运市场即将开启。有市场预测分析,未来全球无人航运市场规模将达到万亿美元级别。市场需求也会让全球企业在无人船市场的竞争进一步加剧。

在船舶行业拥有传统优势的欧洲企业最先进军无人船市场。早在2015年,无人驾驶船舶领域的领头羊罗尔斯罗伊斯公司就已经公开了其无人船计划。该公司还与英特尔公司合作,共同研究提高无人驾驶船舶实时处理大量数据的能力。

欧洲企业正在政府的支持下合作推进自主控制无人船的研发进程,争取在未来三年内在波罗的海实现完全遥控船舶运营,到2025年实现自主控制的商业海上运输。

中国无人船市场也将迅速赶上全球无人船研发的步伐,中国拥有全球最大的航运市场,毋庸置疑也将成为全球最大的无人船市场。

无人货机

当亚马逊、UPS 和京东等公司在探索利用无人机为人们运送快递包裹时,一些公司有了更大的梦想——无人驾驶货机。

这些公司正在设计接近小型飞机大小的无人驾驶货机,欲与短途货运卡车和小型货机争抢市场份额。这种大型固定翼无人驾驶货机样机正接受测试,将在下一轮物流大潮中扮演重要角色。

联邦快运、UPS 和投资者对这样的新兴产业产生了浓厚兴趣,他们认为无人驾驶货机将会在重塑货运业务方面抢得先机。

一份由美国航天工业协会和 Avascent 咨询公司发布的报告预测,7 至 13 年内,早期采用者将会在美国用短途货运无人机运营定期航班。这些航班将在低空及农村地区飞行。无人驾驶长途货运可能会在 15 年内出现。

但是该报告也指出,在集装箱大小的无人机进入天空之前,还有许多障碍需要克服,如通信、航天电子设备和传感技术都需要提高,网络安全问题需要解决,监管环境也要有相应的改变。

地下输送

前面提到了亚马逊公司在水下建仓库的奇思妙想，在运输方面亚马逊公司同样异想天开。亚马逊提出了一个地下网络，可以直接送货到建筑物和家庭。相互连接的地下隧道将通过传送带或铁轨运输包裹，甚至通过气动管道连接火车站、机场、配送中心、储物柜储存地点，当然还有客户。这将需要令人难以置信的工程和基础设施来实现。

亚马逊并不是唯一一家探索地下输送的公司，英国公司 Mole Solutions 将地下输送称为"未来供应链过程中的重要联系"，SpaceX 公司的创办者、特斯拉汽车和 PayPal 的联合创办人埃隆·马斯克（Elon Musk）同样提出了 Hyperloop 真空管输送系统的概念。总而言之，地下输送在未来物流系统中很可能会大有作为。

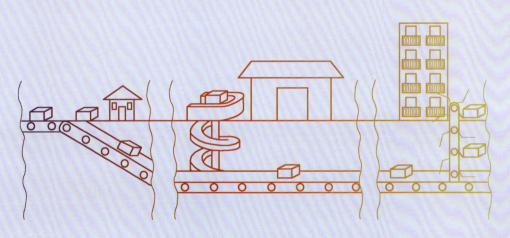

▲ 地下输送

太空运输

2016 年，马斯克和 SpaceX 公司提出了发展火星交通基础设施的计划，以促进人类可以移民火星。任务架构包括完全可重复使用的运载火箭、载人行星际运输系统、在轨推进剂加油机、快速周转的运载火箭/着陆架，以及通过原地资源利用在火星上生产火箭燃料的方法。SpaceX 计划到 2024 年使第一批人类登陆火星。

随着航天技术的发展，人类移民其他星球已经不再遥不可及，而科技狂人马斯克用他的行动告诉大众，人类正一步一步向这个梦想迈进。在太空漫游已经普及的未来，太空运输必将成为物流行业的重要组成部分。

▼ 移民火星假想图

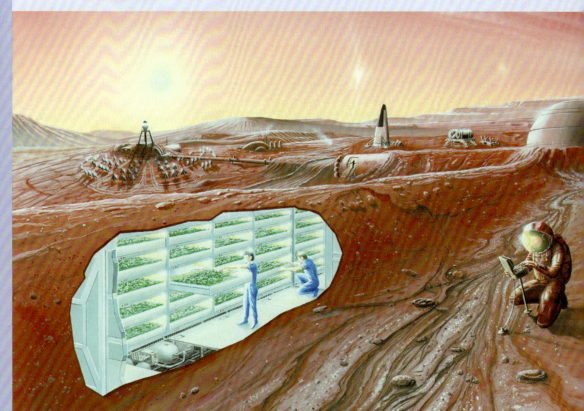

第3章 未来物流漫游

▲ 电影中的赫尔墨斯号地火往返飞船

在电影《火星救援》中,赫尔墨斯号地火往返飞船常年在地球-火星轨道上稳定运行,为人类往返火星的各类任务提供运输、中转停靠等服务,据推测其采用的主动力是等离子引擎,虽然推力小,但是借助引力弹弓,以及长时间的小推力运行,赫尔墨斯号得以长期不断精确调整自身的轨道,维持稳定运行。

"创业之星"货运航母出自电影《阿凡达》,其任务是把人员、设备、物资运输到潘多拉星球,再带回精矿及返回人员。其体长近 1.6 km,货运能力为 350 t,驱动系统为双反物质——核聚变混合动力引擎。

"罗杰·杨号"出自电影《星河战队》,是用于对抗虫族外星人的军事运输护卫舰。

尽管这些科幻作品中的太空运输装备在现在看来有些不切实际,但是由于地球资源是有限的,未来人类对太空资源的挖掘具有必然性,到那时各类太空运输装备将百花齐放,相信凭借人类强大的创造力和坚韧的毅力,未来太空运输将远远超乎人们的想象。

物流探秘

▲ 电影中的"创业之星"货运航母

▲ 电影中的"罗杰·杨号"军事运输护卫舰

人机完美协同——未来辅助装备

AR

在物流业未来的发展进程中，企业将越来越多地应用突破性技术，增强现实技术（Augmented Reality，简称 AR）是一个很好的例子。

▲ AR 眼镜

在当今物流行业中，仓储业务成本约占整个物流成本的20%，而拣选作业成本占总仓储成本的55%～65%。虽然长远来看，机器人必将取代人完成拣选工作，但在短期的未来，机器人还无法胜任这项工作，因为它们缺乏人类所具有的灵活性和精细的运动能力。在未来十年，人仍将是拣选和仓储业务的核心。

尽管物流行业采用了许多最前沿的新技术，但世界上多数仓库仍依赖纸质材料进行拣选。在仓库中使用纸张容易出错且速度很慢，物流企业通过射频扫描、按灯拣选和语音拣选等方式来减少纸张的使用。

基于AR的智能眼镜将是一项在未来大放异彩的拣选辅助装备。AR是一种将虚拟信息与真实世界巧妙融合的技术，通过将计算机生成的图像、文字、模型、视频等多媒体信息与真实世界互相补充，实现对真实世界的增强或者辅助解析。基于增强现实的智能眼镜能够在操作员的视野内向操作员提供视觉指示或者信息，帮助其完成货物的定位、货物信息的检索等作业，智能眼镜中的摄像头可以直接扫描货品和仓库的条形码，操作员还可以通过语音与信息平台进行交互。智能眼镜可以显著减少纸张的使用，大幅提高工作效率。未来，智能

眼镜拣选方式很有希望完全取代手持设备拣选、语音拣选等技术，让我们拭目以待吧。

VR

谈到 AR，人们很容易联想到常与之成双成对出现的虚拟现实技术（Virtual Reality，简称 VR）。相较于 AR 在物流作业中的无限潜力，VR 则为物流专业的教学提供了新思路。

现有的物流教学培训中，常常出现的教学难题：实习硬件设施投入较高，学员缺少亲身实践的机会，内容多为文字、视频、图片的形式，较为枯燥。而 VR 通过虚拟仿真，将真实的物流场地、货物、流程及突发事件等模拟出来，以任务的形式将仓储、配送、运输、电商、装备及驾驶等物流教学中常见的课题可视化展示，并让学生参与其中，以期解决以上的教学难题。

▲ 物流 VR 实训室

▲ VR 在物流教学中的应用

利用 VR，学生不再需要到真实的仓储中心实习，在校园内就能以多人沉浸体验的方式在虚拟仓储中心漫游，了解仓储中心的运营流程和运转体系。VR 还可以将前沿的、多种类的机械载具、物流器材、物流装备进行还原，并进行全息展示。这种方式不仅降低了学校购置器材的成本，还能随时更新换代，保证装备体系的前沿性。此外，学员还可以在虚拟现实中操作虚拟载具（叉车、板车等车辆），进行装卸货的实训。

总之，VR 打破了物流教学中的时空限制，让虚拟的教学内容走进课堂，提高了教学效率，节省了教学成本，缩短了培训周期，还能激发学生的创造力。随着技术的不断进步和更新，越来越多的物流专业逐渐将 VR 应用到教学中，打造物流的新一代信息化教学模式。

脑机

长久以来，人们都想通过意念控制物品，这一点在各种科幻小说、科幻电影中都有所体现。而这早已不是天马行空的想象了，科学家们对脑机接口的研究已超过 30 年了。脑机接口（Brain-Computer Interface，简称 BCI）是在人或动物脑与外部设备间创建的直接连接通路。

BCI也许很难帮助人类实现隔空取物的神奇能力，但的确是一种颇具潜力的人机交互技术。如今，常用的人机交互设备包括鼠标、键盘、触摸屏、按钮等，BCI则可以帮助人们摆脱限制，工作人员不必亲手打字、操作鼠标或在屏幕上点点划划，而只需动动念头就可以实现对机器的控制。在未来的物流行业中，当操作员想要搬运某件货物时，只需通过意念给物流设备发布指令，设备便能自主地完成工作。

▲ BCI设备

外骨骼

在各种科幻题材的影视作品中，常能看到各类战甲，比如电影《钢铁侠》中，男主角为自己打造了一套钢铁战甲，穿上后便由普通人变身为超级英雄，上天遁地无所不能。在辐射系列游戏中，动力装甲是人类提高负重能力、抵御辐射污染及增强战斗力的强力装备。

外骨骼包括动力外骨骼和无动力外骨骼。动力外骨骼（也称为动力装甲、动力服等）是一种可穿戴移动设备，由电动机、气动系统、传动装置及液压系统等组合驱动，使肢体运动具有更强的力量和耐力。动力外骨骼能够为用户提供支撑、感知用户的动作并向驱动装置发送信号，协助移动以搬运重物。而无动力外骨骼不具备驱动装置，仅通过机械结构为操作人员提供力量和支撑。

最初，只有军方对外骨骼的研究感兴趣，军队可以利用外骨骼强化士兵的单兵作战能力。随着技术的成熟，外骨骼开始在医疗领域有所作为，为残疾人带来了如常人般生活的可能性。除了军事和医疗，外骨骼在物流领域也有巨大的应用潜力。

▲ 影视剧中的外骨骼

▲ 京东员工使用外骨骼工作

2017年"双十一",京东物流率先将自主研发的外骨骼套装配备给物流一线的工人。据统计,中国约有300万物流工人,每名仓储工人平均每天至少需要弯腰3 000次,如酒水饮料等商品一件质量在10～20 kg,持续作业对工作人员的腰肌损伤很大,从这个意义上看,机械外骨骼无异于开启了一次行业革命。

韩国三大造船企业之一的大宇造船厂为工人配备了外骨骼,使得他们能够自由操作质量达30 kg的货物。国际物流公司GEODIS也为拣选工人配备了无驱动外骨骼,GEODIS的拣选工人每个工作日需要拣选4 t的货物,外骨骼有效地减轻了员工的工作负担。

可见,外骨骼在物流领域的应用开始普及,但目前外骨骼大多是无驱动的,其应用主要是减轻操作员搬运货物的身体负担。相信在未来,动力外骨骼将更加广泛地应用到物流领域,到那时,拣选作业人员的搬运效率将提高成百上千倍。

第 3 章 未来物流漫游

值得信赖的助手——未来机器人

随着科技的发展,越来越多的机器人在工业生产和人们的日常生活中发挥着愈发重要的作用,成为人类值得信赖的助手。例如知名的机器人公司——波士顿动力(Boston Dynamics)公司,研发出了众多令人惊艳的机器人设备:阿特拉斯人形机器人(Atlas)、大狗四脚运输机器人(Big Dog)等。这些机器人将在未来工业中扮演重要的角色,下面来看看这些机器人将如何颠覆未来物流业。

堆垛机器人

Handle 机器人是波士顿动力公司研发的一款用于仓库搬运箱子的堆垛机器人。它占地面积小、覆盖面广,并且具有视觉系统,可以在整个工厂来回移动作业。它既可以从货车上卸货完成堆垛,也可以把箱子移动到工厂的任意角落。相对于传统的固定在某个位置的工业机器人,Handle 机器人具有极强的灵活性,能够赋予物流系统高柔性。

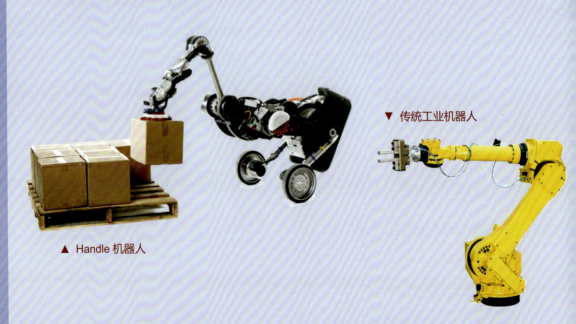

▲ Handle 机器人　　▼ 传统工业机器人

四足机器人

Big Dog 机器人是波士顿动力公司早期的一款四足机器人,它利用传感器和控制系统在崎岖的地形上行走如履平地,还可以在树林里攀爬,在被踢到或在冰上打滑时能保持平衡,能够在雪地、泥泞、碎石中行进,还可以慢跑。

2016年,波士顿动力公司推出了 Spot Mini 机器人。它的质量约为 28 kg,行进速度约为 5 km/h。它可以根据指令独自前往目的地,智能避开障碍,并在极端情况下保持平衡。它能够拖拽物品穿越崎岖地形或代替人类进入危险之境。Spot Mini 机器人还可以安装多达 4 个硬件模块:安装 3D 摄像头时,可以绘制环境地图、识别危险和监控工作进度;通过安装机械手臂,能够开门或者操控物体。此外它的操控极其简单:使用平板电脑就可以像遥控玩具那样对其进行控制,选择目的地、控制机械手臂等。

▲ Big Dog 机器人

尽管 Spot Mini 机器人目前还不能直接应用于物流产业,但其功能让人们看到四足机器人在物流业的应用潜力。它有复杂地形的应对能力、作业的灵活性及丰富的扩展性,人们有理由相信它将会成为物流的好帮手。

▲ Spot Mini 机器人

人形机器人

Atlas 机器人是一个身高 6 英尺（1 英尺 = 0.305 m）的两足类人形机器人，由波士顿动力公司设计，用于搜索和救援任务。它是世界上运动能力最强的人形机器人之一，是一个旨在挑战全身运动极限的研究平台。它拥有紧凑的移动液压系统，定制的发动机、阀门和紧凑的液压泵站，可以给 28 个液压关节提供强大动力，实现惊人的灵活性。机械结构使用 3D 打印零件，强度与重量达到可以完成体操动作的要求。它具备先进的控制系统，使得灵活且高度多样化的行动成为可能，而算法推理通过身体和环境的动态互动来规划 Atlas 的每个动作。Atlas 先进的控制系统和硬件，使其力量和平衡性达到了人的水平。

2017 年 11 月，波士顿动力公司展示了 Atlas 机器人模仿体操运动员做后空翻，这一个动作惊艳了全世界。人们在吃惊之余，更看到了机器人发展的希望，机器人代替人类去完成那些危险繁重的任务已不是天方夜谭！

▲ Atlas 机器人

群控机器人

有很多工作凭借个人的力量很难完成，常需要团队协作，对机器人来说也是如此。群控机器人技术将多个机器人协调为一个系统，该系统由大量的简单机器人组成，可以协作完成复杂的任务。

群体举升机器人是一种小型的两轮货物举升机器人，可以灵活配置。其侧面板带有智能磁吸接口，该接口使得机器人可以与其他机器人组合形成更大的平台，可以满足不同尺寸货物的搬运需求。

两轮差速驱动举升机器人（如AGV小车）已广泛应用于仓储、物流和制造业。通常一个机器人与一个固定的货物尺寸、负载相匹配，因此仓库将需要多种类型的机器人来完成不同的运输任务，这很容易造成资源浪费。此外，如果涉及异形货物则需要定制特殊的搬运平台。群体举升机器人通过创建一个机器人系统来解决这个问题，系统中的每个机器人可以单独搬运货物，也可以集成在一起搬运更大的货物，组成系统时，每个机器人的液压缸可以升至任意高度，从而可以搬运特殊形状或表面不规则的货物。

▲ 群控机器人系统

智慧物流

智慧物流是指通过智能硬件、物联网、大数据等技术手段,提高物流系统分析决策和智能执行的能力,提升整个物流系统的智能化、自动化水平,是物流未来发展的一个趋势。

人工智能

物流和供应链是一个数据密集型的行业,同时也是一个严重依赖经验的学科。物流和供应链领域的管理人员,从各种数据中发现运营存在的问

第 3 章　未来物流漫游

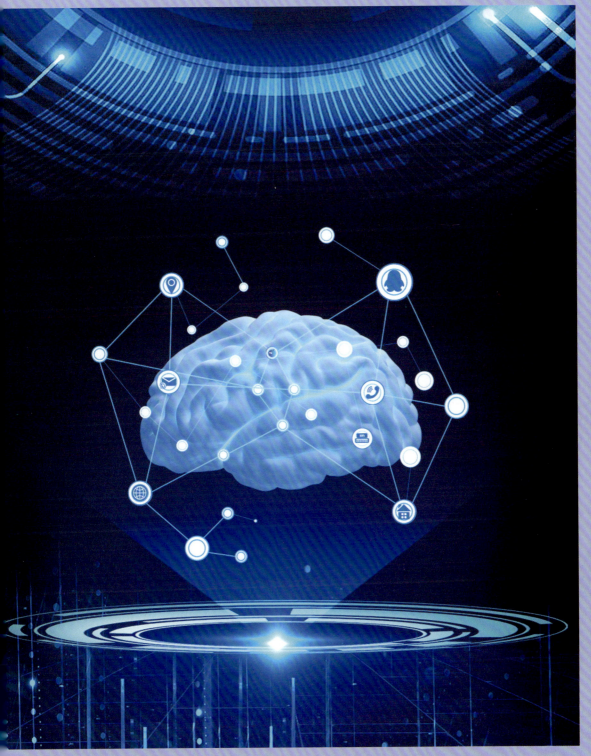

题，然后进行针对性的调整。遗憾的是，现有的分析手段往往滞后，且准确率不高。

　　人工智能将渗透进物流的方方面面，包括物流设备的监测与维护、物流企业的预测服务、参数规划和自动化物流控制等。人工智能通常由机器学习算法构建而成，而机器学习算法的有效性要归功于训练数据。用于训练的数据质量越高，模型算法就越智能。根据福布斯网站上的一篇文章介绍，2020年，地球上的每个人每秒钟将产生大约 1.7 MB 的新信息，相关数据表明，从2012—2020年，企业数据中心的信息增长14倍。可见，人工智能发展的肥沃土壤已经呈现在人们的面前，如何播种栽培是人工智能发展的关键。

　　在未来，人工智能能够在物流的大数据中去粗取精，从中挖掘出最深层次的价值，对一般的问题可以自动快速决策，面对重大问题，人工智能能作为助手辅助人类进行决策。人类可以不用劳神于大量冗杂信息的处理，而专注于创新。

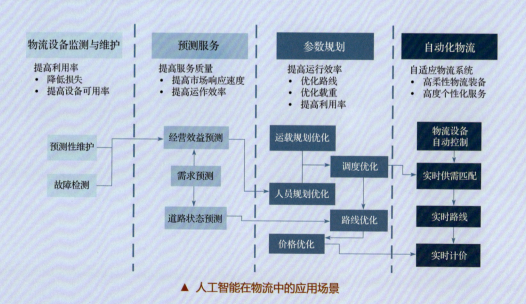

▲ 人工智能在物流中的应用场景

绿色物流

除了智能化，人类对未来物流的描绘还有"绿色"。随着工业的发展，人类对环境的破坏已经远超环境的自我恢复能力，人们已经认识到可持续性发展的重要性。绿色物流的最终目标就是可持续性发展，实现经济利益、社会利益和环境利益的统一。从物流作业环节来看，绿色物流包括绿色运输、绿色包装和绿色流通加工等。从物流管理角度来看，绿色物流主要是从环境保护和节约资源的目标出发，改进物流体系。

2017年4月，苏宁物流率先启动"共享快递盒计划"。首次推出一种可以

▲ 共享快递盒

循环使用的周转箱替代普通纸箱，不使用胶带，快递员配送货物时将快递盒回收再利用，这种行业独创的创新模式为快递变"绿"提供了一个思路。

改善运输结构，发展多式联运也是绿色物流的一个重要发展方向。多式联运可以克服单个运输方式的固有缺陷，通过最优化选择运输工具和运输线路，各种运输方式合理搭配、扬长避短，实现了运输一体化，避免迂回运输和重复运输，在整体上保证了运输过程的最优化和高效率，降低能源浪费和环境污染。

此外，绿色物流还包括：改进运输工具的内燃机，使用清洁燃料以提高能效、减少排放；防止运输过程中的泄漏，以免对局部地区造成严重的环境危害等。

第 3 章 未来物流漫游

结束语

　　从古代、现代到未来，介绍了不同时期的物流，了解了许多故事和技术，下面就让我们再回顾一下吧！

　　穿过时间的长廊，追溯了物流的起源，探寻了历史上物流的发展。从最初的军事用途，到"飞入寻常百姓家"，物流的平民化跨越了多个时代。时代的前进推动着各种技术的发展，这种进步也反映在古代物流中所使用的运输工具的变化上。对于物流，人们总是希望运输速度越快越好，运输效率越高越好。而物流不单单包含技术，更是一种体系，在组建庞大物流网络的过程中，离不开物流管理的环节，如何组织和管理效率高、速度快的物流网络，从古至今都是一项值得研究的课题。在古代物流探寻中，还提到了一些在历史上发生的物流大事件，如京杭大运河、丝绸之路等，这些大事件在促进物流的发展上起到了巨大作用，影响深远。

　　来到现代，科学技术的发展有了巨大的飞跃，工业革命和信息革命让人们体会到日新月异的变化，也逐步诞生新的物流体系和技术。有专门用于存储货物的巨大仓库，针对不同类型、大小的物品有着各种各样的包装来容纳和保护；可以借助识别技术准确分辨每一个货物，亿万货物都能被精准地区别开来，并且有全球定位技术的帮助，可以跟踪各个货物的运输状态，准确地知道它们的位置。在识别技术的基础上，现代物流使用各种分拣输送设备将货物分类输送，相比于传统的人工分拣方式，大大地提高了效率和准确率。在运输模式上，相比于古代，现代物流有着更快更多的选择，公路、铁路、水路等都有着多种多样的运输工具，并且对于像天然气、石油等这样特殊的"乘客"，可以采用管道

结束语

运输的方式。现代物流中大到几十吨的集装箱，小到几克的小零件都能安全地进行装卸搬运，各种装卸搬运设备都能够在很短的时间内完成物流运输中货物的"搬家"工作，而不是依靠传统的人力搬运。

顺着时间的河流继续前行，尽管现代物流发展迅速，体系逐步完善，但人们是不会满足的，漫游于对未来物流的畅想之中，可以看到各种各样的仓库形式，"上天入地下海"不止存在于神话之中。在未来，随着智能化的发展，无人化将逐步在各个行业蔓延，人们将能够体验更加便捷高效的生活，有更多的精力从事更加智能的工作。物流行业的无人化趋势十分明显，事实上，已经有许多仓储分拣的工作都被机器所代替，而如今在配送环节的无人化还未全面应用，可以想象未来，辛苦的快递小哥和运输司机的工作将由无人机和无人车来接管。聪明的你也可能想到我们的货物是不是也可以像天然气、自来水一样自动送到家里呢？已经有人想到了这种方案，但距离实现它还有很长的路要走。

物流是一个看似简单，实际却包含各种技术和理论，在探索中不断发展的行业，这离不开无数物流工程师及从业者的共同努力。你在家中等待的一个小小快递，在其背后其实是一个庞大的物流体系和网络。

相信你看完这本书，对于物流有了一个初步的了解，当然，物流的故事仍在继续，也许人们对于未来的畅想不久就将成为现实，未来更快、更便捷、更完善的物流体系就等待着你来实现。

参考文献

[1] 邓耕生.中国古代的仓储管理与养护技术［J］.现代财经-天津财经学院学报，1986（1）：52-54.

[2] 施峰.中国古代仓储制度的作用与弊端及其对当前粮食储备管理的启示［J］.经济研究参考，2001（28）：2-10.

[3] 王之泰.中国古代物流思想与实践［J］.中国流通经济，2015（6）：6-13.

[4] 杨继业.中国古代仓储与民生保障的关联机理［J］.河北北方学院学报，2013，29（2）：79-82.

[5] 柯胜海.试论我国古代包装容器的造型艺术［J］.中国包装，2013（3）：24-29.

[6] 胡建波.物流基础［M］.成都：西南财经大学出版社，2011.

[7] 韩雪.当代青少年科普文库新编：制造自动化——企业腾飞的翅膀［M］.合肥：安徽美术出版社，2013.

[8] 王侃.现代物流基础［M］.北京：北京大学出版社，2010.

[9] 倪志伟.现代物流技术［M］.北京：中国物资出版社，2006.

[10] PACLINE. Pacline Overhead Conveyors［EB/OL］.（2019-03-21）［2019-07-12］https://www.pacline.com.

[11] 刘凯.现代物流技术基础［M］.北京：清华大学出版社，北京交通大学出版社，2004.

[12] 倪方六.中国古代的"快递"［J］.财会月刊，2014（27）：94-95.

［13］南都.镖局往事［J］.山西青年，2013，445（17）：66-67.

［14］姜琦悦.校园毕业季行李托运物流包装设计［D］.昆明：昆明理工大学，2015.

［15］魏志江，李策.论中国丝绸之路学科理论体系的构建［J］.新疆师范大学学报，2016（2）：1-8.

［16］丁俊发.传承光大绚丽的丝路文化［J］.中国储运，2016（12）：34.